國寶

2016·丝绸之路

卷三

長相思 在長安

中原胡風

長相思在長安　中原胡風

七月

乐居神州

第二十八周·丝路商旅

第二十九周·家在中原

第三十周·胡相百态

第三十一周·入仕长安

July

唐·彩绘牵驼胡俑

陕西省考古研究院藏

丝绸之路最具代表性的形象，莫过于伴随着声声驼铃、缓行于茫茫瀚海中牵驼的胡人。历尽艰辛的丝路商旅，不但带来了奇珍异宝，也带来了相貌迥异、风俗独特的粟特等民族聚落，在长安、洛阳等地形成了胡汉杂居的都会风景。更有些外来者逐渐汉化，从此乐居神州。

一日

多宝塔碑

公历二〇一六年·七月 FRIDAY JUL 1 2016

星期五

农历丙申年
五月廿七

今日三候半夏生
建党纪念日
香港回归纪念日

二日

雁塔圣教序

星期六

农历丙申年
五月廿八

七日小暑　九日天贶节

唐·彩绘陶牵驼胡俑

西安博物院藏

丝路商旅抵达长安，须经千难万险。此俑面部未露一丝笑容，甚至略有悲戚之色，不知是为路途艰险而担忧，还是在怀想遥远的家乡和亲人。

公历二〇一六年·七月 SUNDAY JUL 3 2016

唐·彩绘骑驼小憩俑

西安博物院藏

此俑体量高大，塑造了胡儿埋首驼峰之间的小憩之景，为表现丝路倦旅的经典之作。

三日

张好好诗卷

星期日

农历丙申年
五月廿九

七日小暑　九日天贶节

四日

张翰帖

星期一

农历丙申年
六月初一

七日小暑　九日天贶节

公历二〇一六年·七月　MONDAY JUL 4 2016

唐·彩绘陶胡人俑

甘肃庆城县博物馆藏

以今天的标准来看，甘肃庆城穆泰墓所出陶俑，人物造型多样，神情生动，代表了盛唐开元年间陶俑雕塑的最高水平。此俑开口露齿，似笑非笑。一手攥拳横举，应是牵引驼马之状。袍服领口至下摆的团花纹饰和翻沿高帽尤其引人注目。

公历二〇一六年·七月 TUESDAY JUL 5 2016

五日

九成宫醴泉铭

星期二

农历丙申年
六月初二

七日小暑　九日天贶节

唐·彩绘陶胡人俑

甘肃庆城县博物馆藏

同出于庆城穆泰墓的此俑，双手握拳勒缰于胸前。与前者不同的是，此俑不但身着团花纹饰的长袍，更有以细笔描绘出卷曲的连鬓胡须，颇具特色。

六日

伊阙佛龛碑

星期三

农历丙申年
六月初三

明日小暑　九日天贶节

唐·彩绘陶胡人俑

甘肃庆城县博物馆藏

这件庆城胡俑两手握拳，屈肘高举，亦作奋力引缰之状。所着豹皮长裤引人注目。而其发式装束则恰与《大唐西域记》中关于粟特男子『齐发露顶……缯彩络额』的描述相符。

公历二〇一六年·七月 THURSDAY JUL 7 2016

七日

孟法师碑

星期四

农历丙申年
六月初四

今日小暑　一候温风至
七七事变纪念日

唐·三彩釉陶束发胡人俑

洛阳博物馆藏

此俑出土于洛阳龙门东山安菩之墓。安菩是幼年随父入华的西域安国人，骁勇善战，获封定远将军。其墓中随葬的胡人俑，一方面表明了墓主特殊的胡人身份，另一方面也客观反映了中原大地当时胡风盛行。

唐·彩绘木胡人牵驼俑

新疆维吾尔自治区博物馆藏

阿斯塔那作为从魏晋至隋唐的高昌墓葬区，因其干旱的气候条件，才使墓葬中诸多物品得以幸存。流行于晋唐之际的木俑便是其中的代表。此俑头戴高帽，身着长袍，外翻衣角衬里上露出的草木昆虫图案，应为写实之作。

八日

卫景武公李靖碑

星期五

农历丙申年
六月初五

明日天贶节　廿二大暑

九日

九成宫醴泉铭

星期六

农历丙申年
六月初六

今日天贶节　廿二大暑

公历二〇一六年·七月 SATURDAY JUL 9 2016

唐·三彩釉陶胡人俑

西安博物院藏

此俑头分双髻，身着翻领胡服，双手一高一低，显然也是牵驼或马待行。

公历二〇一六年·七月 SUNDAY JUL 10 2016

十日

颜勤礼碑

星期日

农历丙申年
六月初七

廿二大暑　七日立秋

唐·胡商牵驼图壁画

洛阳古代艺术博物馆藏

出土于唐安国相王孺人唐氏墓道中的这方壁画，描绘了长靴尖帽的胡人牵驼前行的情景。画中骆驼，满载织物，昂首迈步，轻扬的驼尾刻画得尤为生动。

十一

善见律

星期一

农历丙申年
六月初八

今日世界人口日

隋·彩绘石雕持壶男侍俑

山西博物院藏

随着丝路的繁荣，越来越多的胡人进入中原并定居下来。此俑高鼻深目，头戴圆顶毡帽，身着窄袖长袍，怀抱胡瓶，腰佩刀、囊等什物，为典型的胡人形象。

唐·胡人备马图

陕西昭陵博物馆藏

良马西来，善养马者也以胡人居多。此幅壁画出自唐太宗昭陵陪葬墓韦贵妃墓中，壁画生动地描绘了胡人为唐皇室贵族备马的形象。

十二

道因法师碑

星期二

农历丙申年
六月初九

今日二候蟋蟀居壁

公历二〇一六年·七月 TUESDAY JUL 12 2016

十三

不空和尚碑

星期三

农历丙申年
六月初十

廿二大暑　七日立秋

唐·彩绘陶牵马胡俑

西安博物院藏

此俑高颧骨，宽扁鼻，身着长袍，腰束革带，抬手作引缰状。

唐·彩绘陶鞍马

西安博物院藏

胡马大宛名，锋棱瘦骨成。
竹批双耳峻，风入四蹄轻。
所向无空阔，真堪托死生。
骁腾有如此，万里可横行。

——唐　杜甫

《房兵曹胡马诗》

十四

史晨前后碑

星期四

农历丙申年
六月十一

廿二大暑　七日立秋

十五

玄堂帖

星期五

农历丙申年
六月十二

廿二大暑　七日立秋

公历二〇一六年·七月　FRIDAY JUL 15 2016

唐·彩绘陶胡女立俑

西安博物院藏

唐墓所出胡人俑数量庞大，面貌各异。此俑虽身着中原衣裙，梳汉人发式，却眼窝深陷，是为数不多的胡人女俑，堪为代表。

公历二〇一六年·七月 SATURDAY JUL 16 2016

十六

倪宽赞

星期六

农历丙申年
六月十三

廿二大暑　七日立秋

唐·三彩釉陶胡女俑
陕西历史博物馆藏

自道风流不可攀，却堪蹙额更颓颜。
眼睛深却湘江水，鼻孔高于华岳山。
舞态固难居掌上，歌声应不绕梁间。
孟阳死后欲千载，犹在佳人觅往还。

——唐　陆岩梦
《桂州筵上赠胡子女》

唐·彩绘陶骑立驼胡俑

西安博物院藏

经由丝路来到中原的外来民族虽被统称为胡人，但服饰面貌却各不相同。此俑端坐于驼峰之间，头戴翻沿浑脱帽，身着圆领窄袖袍，足蹬黑长靴，一幅胡人面貌，具体属于哪一族群，则有待考证。

公历二〇一六年·七月 SUNDAY JUL 17 2016

十七

何家村窖藏金银器墨书

星期日

农历丙申年
六月十四

今日三候鹰始挚

公历二〇一六年·七月 MONDAY JUL 18 2016

十八

上阳台帖

星期一

农历丙申年
六月十五

廿二大暑　七日立秋

唐·三彩釉陶胡人俑

陕西历史博物馆藏

此俑浓眉大眼，神情坚毅。剪发前齐眉，后及颈；额束发带，颇具特色。

唐·彩绘陶胡人骑马俑

陕西历史博物馆藏

唐太宗昭陵陪葬墓张士贵墓出土的陶俑，造型独特，艺术水平颇高。此俑即为该墓所出。骑坐于马上的胡人深目隆准，浓须络腮，相貌特征鲜明；曲臂控缰，头部略偏，似作停步倾听之状，形态刻画生动。

十九

灵飞经

星期二

农历丙申年
六月十六

廿二大暑　七日立秋

公历二〇一六年·七月 WEDNESDAY JUL 20 2016

廿日

廻元观钟楼铭

星期三

农历丙申年
六月十七

廿二大暑　七日立秋

唐·彩绘陶胡人俑

陕西乾陵博物馆藏

以不同身份、多种途径来到中原的胡人，除了经商、为官外，更有许多上流社会的仆役。这些仆役们身怀诸如驯马等绝技，因而成为上流社会彰显身份和地位的象征。帝王显贵墓葬中各具形态的胡人俑就是对此最好的诠释。这件身形魁梧、额发成簇的控马俑，正是出土于乾陵陪葬墓章怀太子李贤墓中。

廿一

李思训碑

星期四

农历丙申年
六月十八

明日大暑　七日立秋

公历二〇一六年·七月　THURSDAY JUL 21 2016

唐·陶昆仑奴俑

陕西历史博物馆藏

在唐代的官私奴婢中，昆仑奴是一个独特的群体。他们体黑鬈发，特征鲜明。关于其来历，众说纷纭。有人认为他们来自非洲，也有人认为他们来自东南亚或南亚。

唐·釉陶昆仑奴俑

美国芝加哥艺术博物馆藏

据研究，唐代的昆仑奴多由大食（今阿拉伯）输入中原。虽为奴仆，但其在文献记载中却多以肯吃苦、通水性、忠义豪侠的正面形象出现，在唐人诗歌和笔记中留下了神奇的一笔。

公历二〇一六年·七月 FRIDAY JUL 22 2016

廿二

化度寺碑

星期五

农历丙申年
六月十九

今日大暑　一候腐草为萤

唐·釉陶昆仑奴俑

美国芝加哥艺术博物馆藏

唐人张籍《昆仑儿》诗曰：“昆仑家住海州中，蛮客将来汉地游。言语解教秦吉了，波涛初过郁林洲。金环欲落曾穿耳，螺髻长卷不裹头。自爱肌肤黑如漆，形时半脱木棉裘。”与陶俑塑造的昆仑奴形象颇为对应。

公历二〇一六年·七月 SATURDAY JUL 23 2016

廿三

同州圣教序

星期六

农历丙申年
六月二十

七日立秋　九日七夕

公历二〇一六年·七月 SUNDAY JUL 24 2016

唐·陶彩绘胡人骑驼俑

陕西省考古研究院藏

此俑制作精美，骑驼者头戴尖帽，面庞圆胖，胡须与骆驼鬃毛均以细线精心刻画。

廿四

三坟记

星期日

农历丙申年
六月廿一

七日立秋　九日七夕

公历二〇一六年·七月 MONDAY JUL 25 2016

廿五

神策军碑

星期一

农历丙申年
六月廿二

七日立秋　九日七夕

唐·彩绘陶文吏俑

甘肃庆城县博物馆藏

胡人入华，不乏登堂入室担任官职者。陶俑中也对这一现象有所体现。庆城穆泰墓出土的此俑即为胡人文官形象。

北周·安伽围屏石榻

陕西省考古研究院藏

安伽为昭武九姓之一的安国后裔，生前曾出任凉州萨保一职，统辖粟特人，死后葬于长安。其墓葬中的贴金彩绘围屏石榻，刻画了墓主生前野宴、商旅、出猎等场景，具有极高的艺术和学术价值。

廿六

颜氏家庙碑

星期二

农历丙申年
六月廿三

七日立秋　九日七夕

公历二〇一六年·七月

TUESDAY JUL 26 2016

北周·史君石椁

西安博物院藏

史君为昭武九姓之一的史国后裔，也曾担任凉州萨保。墓中石椁外壁上的浮雕，刻画了墓主人从生到死的整个过程，并极具宗教色彩。

公历二〇一六年·七月 WEDNESDAY JUL 27 2016

廿七

麻姑仙坛记

星期三

农历丙申年
六月廿四

今日二候土润溽暑

隋·虞弘石椁

山西博物院藏

虞弘是自中亚入华并定居于晋阳（今山西太原）的粟特人，出身酋长之家。除进行商贸活动和管理粟特人聚落之外，他还先后在北齐、北周、隋朝为官。虞弘墓出土的石椁，体现了粟特与中原葬俗的结合。椁壁精美的浮雕与彩绘，生动地再现了墓主生前的各种生活场景，充满异域色彩。

廿八

玄秘塔碑

星期四

农历丙申年
六月廿五

今日世界肝炎日

廿九

王居士砖塔铭

星期五

农历丙申年
六月廿六

七日立秋　九日七夕

唐·三彩釉陶武官俑

西安博物院藏

历史上不少胡人入唐为武将。此俑头戴鶡冠，浓须连鬓，双手捧笏，身着流苏收底的阔袖交领长袍，正是唐王朝任用胡人武将的真实写照。

公历二〇一六年·七月 SATURDAY JUL 30 2016

廿日

家侄帖

星期六

农历丙申年
六月廿七

今日国际友谊日

唐·彩绘陶盔甲武士俑

陕西省考古研究院藏

此俑着盔带甲，浓眉深目，极尽威严神武之状。

公历二〇一六年·七月

SUNDAY JUL 31 2016

廿一

伏审帖

星期日

农历丙申年
六月廿八

七日立秋　九日七夕

唐·陶彩绘胡人骑驼俑

陕西长安郭杜镇出土

『长相思，在长安……天长路远魂飞苦，梦魂不到关山难……』李白的《长相思》三首，本是诉说儿女情长，但对于经由丝路来到中原或客居长安的胡人而言，或许在盛世大唐的繁华都市之中，或许偶尔也会想起遥远的家乡。而那些从长安西行远赴敦煌、高昌甚至更远处的中原人，应该也会时时在心中吟唱：长相思，在长安。

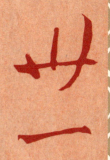

八月

新风时尚

長相思在長安 中原胡風

第三十二周·汉裳胡韵

第三十三周·胡服汉影

第三十四周·男装女相

第三十五周·盛唐雍容

第三十六周·胡餐汉食

August

一日

多宝塔碑

公历二〇一六年·八月 MONDAY AUG 1 2016

星期一

农历丙申年
六月廿九

今日三候大雨时行
建军节

北齐·徐显秀墓宴饮图壁画

山西太原北齐壁画博物馆藏

北朝政权更迭频繁，由北魏分裂而成的东魏和西魏，又分别被北齐和北周所取代。在这样的动荡之中，艺术创作却在民族融合、佛教盛行的背景下不断迸发出新的活力。与以长安为中心的北周造型敦厚的艺术特色不同，以邺城（今河北临漳）为中心的北齐，其艺术作品中的人物形象则更多的以清秀为特征。太原徐显秀墓壁画便是如此。宴饮图中人物众多，他们的装束明显受到了异族风俗的深刻影响。

隋·持刀武士壁画

宁夏固原博物馆藏

此画出土于宁夏固原史射勿墓。画中武士戴冠着袍，持环首长刀而立，充分说明承袭自西魏、北周的隋朝的装束形制已经融入了域外胡风。

二日

雁塔圣教序

星期二

农历丙申年
六月三十

七日立秋　九日七夕

公历二〇一六年·八月 WEDNESDAY AUG 3 2016

三日

张好好诗卷

星期三

农历丙申年
七月初一

七日立秋　九日七夕

唐·彩绘陶文官俑

西安博物院藏

此俑面庞圆润，须眉皆重，头戴黑色进贤冠，身着阔袖交领红色长袍，是盛唐开元年间典型的文官形象。

公历二〇一六年·八月 THURSDAY AUG 4 2016

四日

张翰帖

星期四

农历丙申年
七月初二

七日立秋　九日七夕

唐·彩绘陶武官俑

西安博物院藏

此俑头戴鹖冠，身着阔袖短袍，外罩裲裆，露出长靴，是盛唐开元年间典型的武官形象。

五日

九成宫醴泉铭

星期五

农历丙申年
七月初三

七日立秋　九日七夕

唐·贴金彩绘甲马俑

陕西历史博物馆藏

随着时代的变迁，自域外传入中原的甲马，在唐代多作为仪仗出现。此俑贴金彩绘，体现了墓主人死后所享有的哀荣。

六日

伊阙佛龛碑

星期六

农历丙申年
七月初四

明日立秋　九日七夕

唐・三彩天王俑

西安博物院藏

天王俑是唐代较高等级墓葬中的"标准配置"，因是驱邪镇恶的虚构形象，故造型夸张，铠甲明艳，但也在一定程度上反映了现实中武将全身披挂的英武形象。

唐・三彩釉陶载人骆驼

洛阳博物馆藏

丝路联通东西，也为沿途各地带来了时尚新风。此驼形体不大，但在体型小巧的驾驭者的衬托下，则显得尤为高大。驾驭者身着汉装，与通常所见的胡人形象大为不同。是汉人驾驼还是胡人身着汉装不得而知，但也足以说明当时胡汉糅杂，你中有我，我中有你。

七日

孟法师碑

星期日

农历丙申年
七月初五

今日立秋　一候凉风至

公历二〇一六年·八月 MONDAY AUG 8 2016

八日

卫景武公李靖碑

星期一

农历丙申年
七月初六

明日七夕　十七中元节

唐·胡人牵驼俑

陕西历史博物馆藏

此俑粗眉大眼，浓须络腮，头戴中原男性常戴的幞头，身着翻领胡服，是胡汉交融的典型装束。

公历二〇一六年・八月 TUESDAY AUG. 9 2016

九日

九成宫醴泉铭

星期二

农历丙申年
七月初七

今日七夕　十七中元节

唐·三彩釉陶胡服骑马女俑

陕西历史博物馆藏

盛唐时期，中原地区的汉族女性也以着胡服、骑马出行为时尚。此俑表现的便是身着大翻领左衽胡袍、端坐于马背的盛唐女性形象。

十日

颜勤礼碑

星期三

农历丙申年
七月初八

十七中元节　廿三处暑

唐・彩绘陶女立俑

陕西历史博物馆藏

此俑双髻垂鬟，粉脸朱唇，面带微笑，身着对襟胡服，腰束蹀躞带，生动地刻画出了盛唐少女的形象。

十一

善见律

星期四

农历丙申年
七月初九

十七中元节　廿三处暑

公历二〇一六年·八月　THURSDAY AUG 11 2016

唐·彩绘陶胡服女立俑

陕西历史博物馆藏

此俑头戴红色翻边浑脱帽，帽上残留的彩绘表明其上有绣花装饰；身着翻领窄袖胡服，脚蹬翘头靴，腰间的蹀躞带上挂有鞶囊，胸前书『阿谏』二字。

唐·三彩釉陶带胡帽女俑

陕西昭陵博物馆藏

此俑与前页女俑一样，头戴胡帽，但帽上的彩绘花草纹饰则相对完整地保存了下来。

十二

道因法师碑

星期五

农历丙申年
七月初十

今日二候白露降

公历二〇一六年·八月 FRIDAY AUG 12 2016

十三

不空和尚碑

星期六

农历丙申年
七月十一

十七中元节　廿三处暑

公历二〇一六年·八月　SATURDAY AUG 13 2016

唐·彩绘陶女立俑

陕西历史博物馆藏

此俑着圆领长袍，腰束革带，头梳当时流行的倭堕髻，可惜已残损。

公历二〇一六年·八月 SUNDAY AUG 14 2016

十四

史晨前后碑

星期日

农历丙申年
七月十二

十七中元节　廿三处暑

唐·胡人骑驼俑

辽宁省博物馆藏

该俑的骑驼胡人头戴黑色幞头，红袍黑靴，斜坐于鞍鞯之上，举手引缰，动作娴熟。

公历二〇一六年·八月 MONDAY AUG 15 2016

十五

玄堂帖

星期一

农历丙申年
七月十三

十七中元节　廿三处暑

唐·捧碗侍女线刻

山西运城河东博物馆藏

盛唐仕女不但以着胡服为风尚，更喜女扮男装。开元九年的唐睿宗之婿薛儆墓石椁，内外壁上以线刻表现的庭院侍女，就充分说明了盛唐前期的这种风尚。此捧碗侍女头戴幞头，着圆领小袖衫，腰间佩囊，脚穿尖头软锦靴。

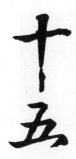

公历二〇一六年·八月 TUESDAY AUG 16 2016

十六

倪宽赞

星期二

农历丙申年
七月十四

明日中元节　廿三处暑

唐·捧包袱侍女线刻

山西运城河东博物馆藏

此侍女亦头戴幞头，身着翻领小袖长衣，领边袖口密饰团花，袍下露出条纹裤，脚穿翘尖软头锦靴，双手捧包袱。

公历二〇一六年·八月 WEDNESDAY AUG 17 2016

十七

何家村窖藏金银器墨书

星期三

农历丙申年
七月十五

今日中元节　三候寒蝉鸣

唐·捧盒侍女线刻

山西运城河东博物馆藏

此幅侍女同样戴幞头，着翻领胡服，衣服上并无纹饰，但回首顾盼之姿颇为动人。

公历二〇一六年·八月 THURSDAY AUG 18 2016

十六

上阳台帖

星期四

农历丙申年
七月十六

廿三处暑　七日白露

唐·拱手侍女线刻

山西运城河东博物馆藏

这位侍女并未捧持任何什物，而是拱手静立，一身男装，只有从清秀的眉目上，才可见其女儿之态。

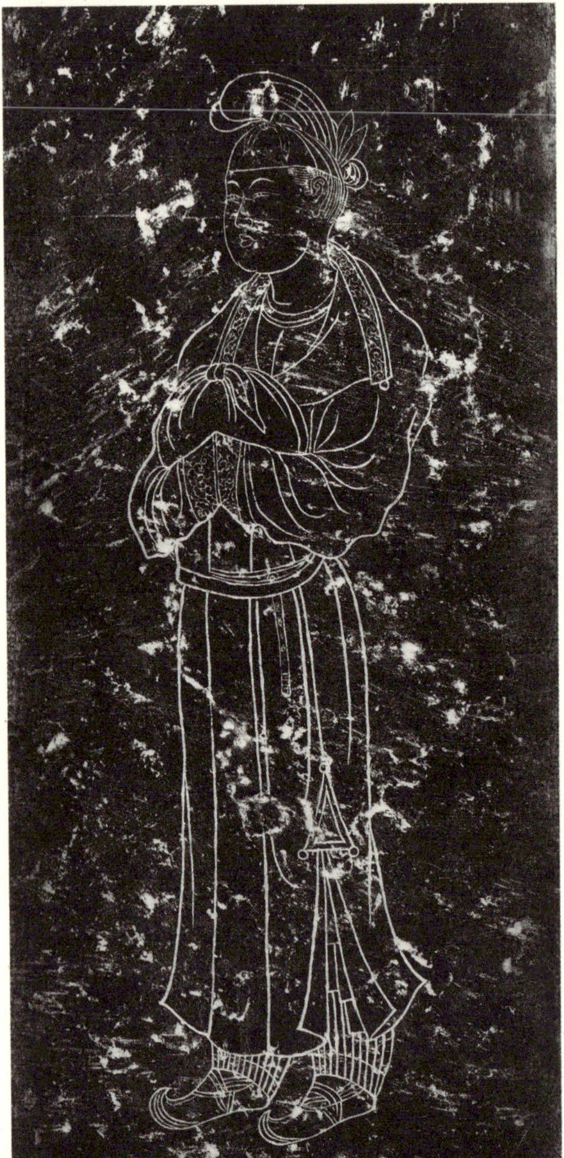

公历二〇一六年·八月 FRIDAY AUG 19 2016

十九

灵飞经

星期五

农历丙申年
七月十七

今日世界人道主义日

唐·捧包袱侍女线刻

山西运城河东博物馆藏

薛儆官职并不高，但因是唐睿宗之婿，死后得以用皇族高官才能享用的石椁厚葬。椁壁上的这些线刻侍女，与永泰公主墓等皇室墓葬石椁颇有相似之处。

公历二〇一六年·八月 SATURDAY AUG 20 2016

廿日

廻元观钟楼铭

星期六

农历丙申年
七月十八

廿三处暑　七日白露

唐·捧酥山男装侍女壁画

陕西历史博物馆藏

唐墓壁画中所绘侍从，也体现了女扮男装的流行风尚。这位男装仕女所捧之物，有人认为是插花盆景一类的陈设，也有人认为是装饰精美的甜食——酥山（参见8月30日）。

公历二〇一六年·八月

SUNDAY AUG 21 2016

廿一

李思训碑

星期日

农历丙申年
七月十九

廿三处暑　七日白露

唐·胡人牵驼俑

陕西历史博物馆藏

骆驼与胡人，不但是唐墓陶俑最常表现的题材，也屡屡出现在唐人诗篇中。杜甫便有『胡儿掣骆驼』之句。

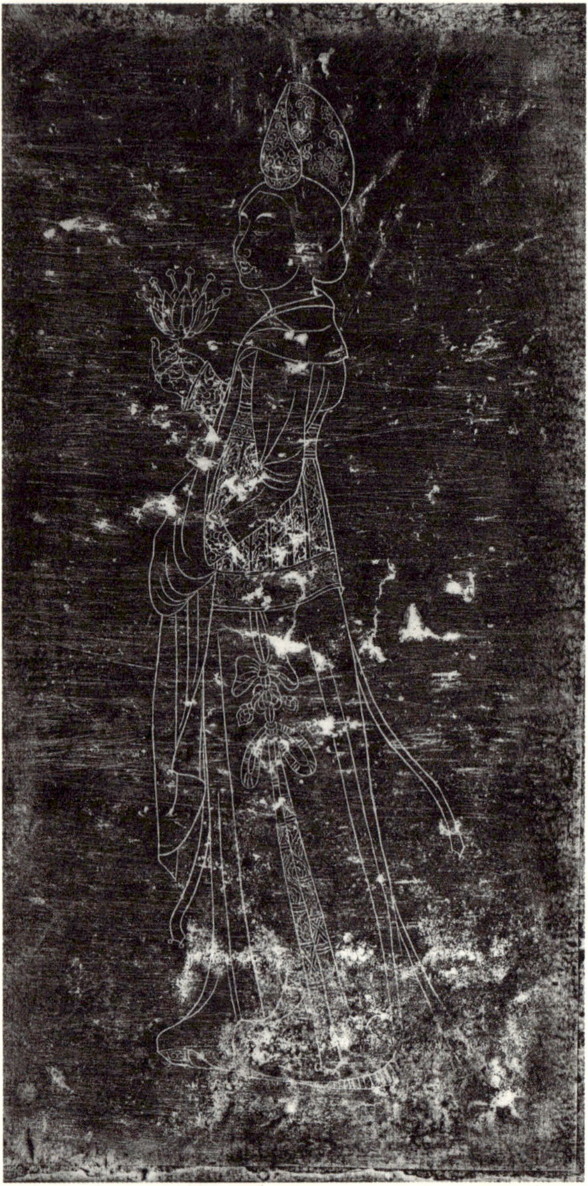

廿二

化度寺碑

星期一

农历丙申年
七月二十

明日处暑　七日白露

唐·拈花侍女线刻

山西运城河东博物馆藏

薛儆墓修造于开元初年，石椁线刻中的仕女形象也体现了高宗向玄宗过渡时期的特点。画中仕女发髻高梳，罩锦花罩，披帛长裙，外套短襦，愈发显得身材高挑。

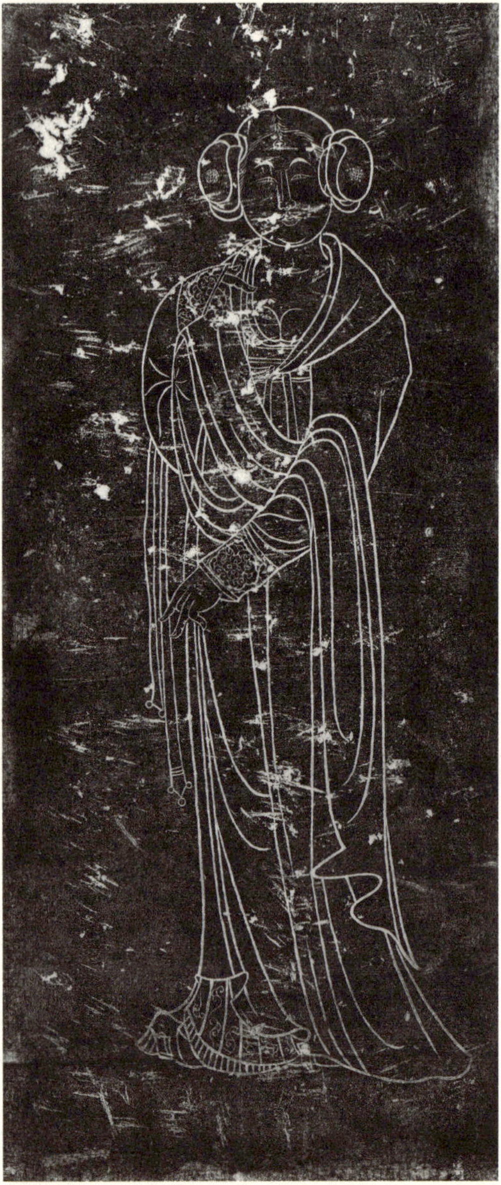

公历二〇一六年·八月 TUESDAY AUG 23 2016

廿三

同州圣教序

星期二

农历丙申年
七月廿一

今日处暑　一候鹰乃祭鸟

唐·披帛侍女线刻

山西运城河东博物馆藏

这位侍女梳双髻，额饰花钿，长裙曳地，双乳微露，手持长帛，风姿绰约。

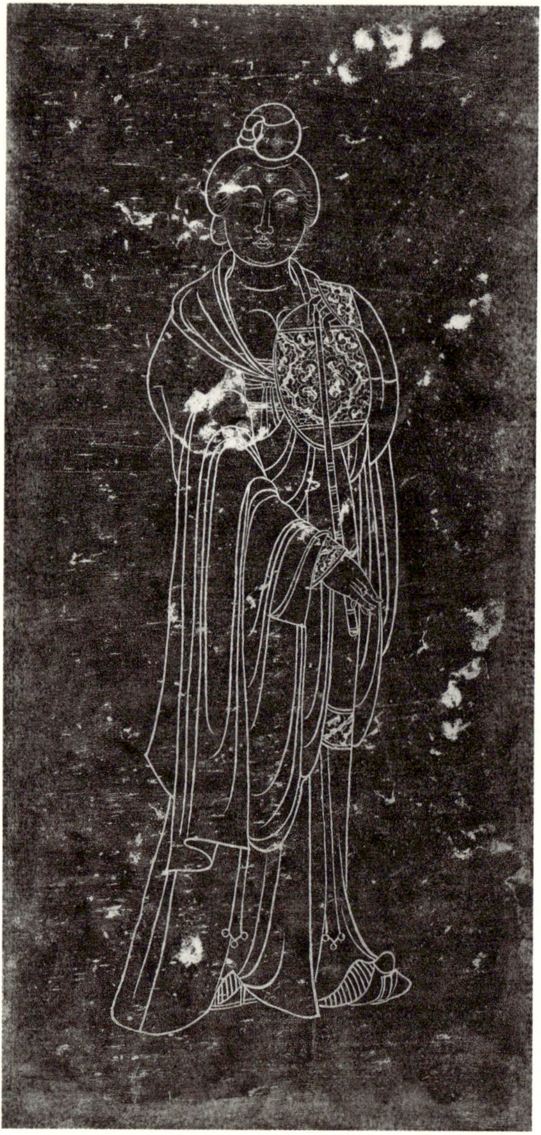

三坟记

公历二〇一六年·八月 WEDNESDAY AUG 24 2016

星期三

农历丙申年
七月廿二

七日白露　十五中秋节

唐·持扇仕女线刻

山西运城河东博物馆藏

这位侍女披帛长裙，双手持团花团扇。工匠着意刻画出扇后露出的乳沟，体现出日渐开放的盛唐气象。

廿五

神策军碑

星期四

农历丙申年
七月廿三

七日白露　十五中秋节

唐·持扇仕女线刻

山西运城河东博物馆藏

这位侍女亦持团花团扇，所梳发式近于武则天时期流行的翻刀髻，而衣着则更接近玄宗时期，颇为开放。

唐·敬陵贞顺皇后石椁线刻仕女图

陕西历史博物馆藏

与开元初年的薛儆墓石椁线刻相比，开元24年的敬陵贞顺皇后石椁更充分地体现出盛唐时期崇尚雍容的审美风潮。遭遇盗掘并被转卖出境、又被公安机关追回的这件石椁，虽历经曲折，但石椁上的线刻彩绘仍得以幸存。此幅中的仕女粉面朱唇，脸庞圆润，轻拈的披帛下露出衣纹，衣着轻薄飘逸。

廿六

颜氏家庙碑

星期五

农历丙申年
七月廿四

七日白露　十五中秋节

公历二〇一六年·八月　FRIDAY AUG 26 2016

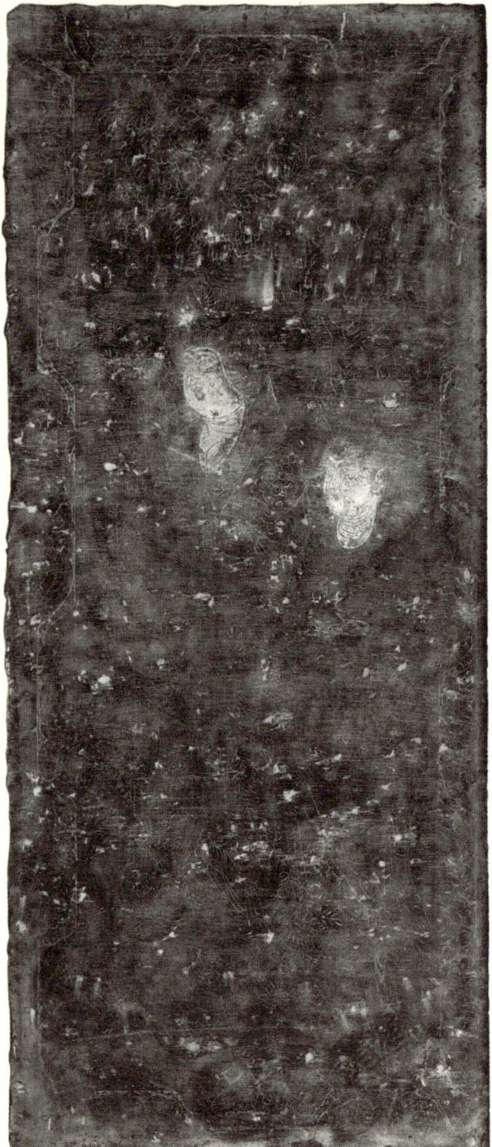

公历二〇一六年·八月 SATURDAY AUG 27 2016

廿七

麻姑仙坛记

星期六

农历丙申年
七月廿五

七日白露　十五中秋节

唐·敬陵贞顺皇后石椁线刻仕女图

陕西历史博物馆藏

此幅中主体人物头戴凤冠，体态丰腴、长袍曳地，双手捧笏，身后跟随着手捧鲜花的男装仕女，或许正是墓主人或与其身份相近者的形象再现。

公历二〇一六年・八月 SUNDAY AUG 28 2016

廿八

玄秘塔碑

星期日

农历丙申年
七月廿六

今日二候天地始肃

隋·彩绘陶骑驼俑

山西博物院藏

在体型较小的骑驼胡商的映衬下，此驼形体更显高大。驼身满载货物，皮囊鼓胀而丝绢累累。胡商持饼进食的造型，将丝路驼队风餐露宿的形象刻画得尤为真切。

唐·面制食品

新疆维吾尔自治区博物馆藏

丝路往来，使中原与西域的食物也得以交流。出土于阿斯塔那墓群的这些面食实物，便是当时日常饮食的珍贵遗存。

廿九

王居士砖塔铭

星期一

农历丙申年
七月廿七

今日禁止核实验国际日

公历二〇一六年·八月 TUESDAY AUG 30 2016

卅日

家侄帖

星期二

农历丙申年
七月廿八

七日白露　十五中秋节

唐·捧酥山侍女壁画

陕西历史博物馆藏

以游牧民族惯常食用的奶制品加冰制作的酥山，是唐代流行的一种甜食，类似今天的冰淇淋。据专家考证，章怀太子墓壁画中该侍女所捧的正是酥山（另一人参见8月20日）。

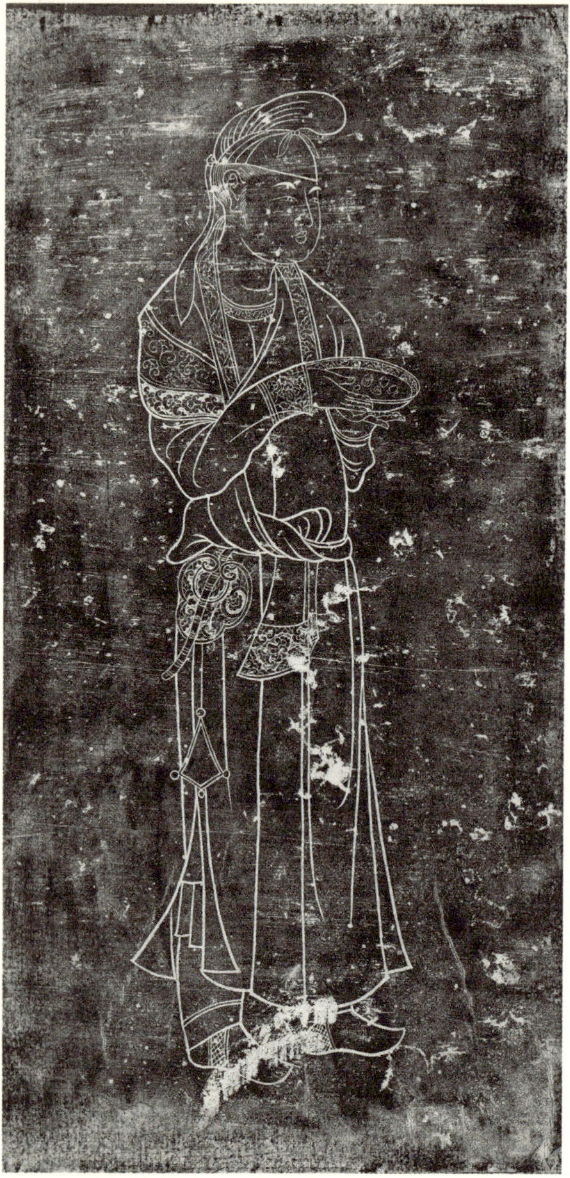

公历二〇一六年·八月 WEDNESDAY AUG 31 2016

卅一

伏审帖

星期三

农历丙申年
七月廿九

七日白露　十五中秋节

唐·捧盘侍女线刻

山西运城河东博物馆藏

除了胡汉兼备的食品，中原地区也经丝路引入了诸多异域水果，如葡萄、石榴等。此幅仕女双手捧盘，盘中果实似乎就是从波斯引进的无花果。

長相思在長安 中原胡風

九月

诸教并立

第三十七周·窖藏遗珍

第三十八周·长安宝相

第三十九周·法门供奉

第四十周·多教繁花

September

后秦·鎏金铜佛像

甘肃省博物馆藏

魏晋以降，与政权更迭相伴的，是进一步的民族间的相互融合和宗教的繁盛。多年战乱使得更多的人希图从宗教信仰中得到慰藉与安宁。因此，途经西域传入中原的佛教得到了空前发展，在诸多宗教中最为兴盛。此尊佛像是国内保存最为完好的十六国时期铜造像之一。

一日

多宝塔碑

星期四

农历丙申年
八月初一

七日白露　十五中秋节

公历二〇一六年·九月　THURSDAY SEPT 1 2016

二日

雁塔圣教序

星期五

农历丙申年
八月初二

今日三候禾乃登

北魏・铜释迦牟尼立像

甘肃省博物馆藏

此像褒衣博带，与犍陀罗艺术大为不同，充分展现了北魏时期佛教造像的本土化进程。

北魏·石雕一佛二菩萨造像碑

河南博物院藏

这件造像碑正面高浮雕一佛二菩萨立像，面容已趋近中原秀骨清相之风，背面减地平雕的佛、比丘以及层叠而上的供养人像，在形式上与汉画像石颇有相通之处，像旁并有榜题，是北魏佛教造像与书法艺术发展的重要物证。

三日

张好好诗卷

星期六

农历丙申年
八月初三

今日中国人民抗日战争
胜利纪念日

公历二〇一六年·九月 SATURDAY SEPT 3 2016

公历二〇一六年·九月 SUNDAY SEPT 4 2016

唐·三彩载物骆驼俑

陕西乾陵博物馆藏

佛教在发展传播过程中，也曾由于过度兴盛而影响到王权、经济，以致遭受毁禁。灭佛运动中，造像遭到毁弃，僧人被强制还俗。多个与灭佛相关的佛教造像窖藏，在埋藏千余年之后重见天日，反而成为珍贵的历史见证。

四日

张翰帖

星期日

农历丙申年
八月初四

七日白露　十五中秋节

北魏·彩绘石雕韩小华造弥勒像

山东青州市博物馆藏

龙兴寺窖藏1996年发现于山东青州，其中包括上至北魏、下迄北宋的造像400余尊，是我国目前已发现的数量最多的窖藏佛像。

这件彩绘石雕弥勒像面容清秀，但身材不高，具有魏孝文帝改制之初的风格特征。

五日

九成宫醴泉铭

星期一

农历丙申年
八月初五

七日白露　十五中秋节

六日

伊阙佛龛碑

星期二

农历丙申年
八月初六

明日白露　十五中秋节

北齐·贴金彩绘石雕思惟菩萨像

山东青州市博物馆藏

半跏趺坐思惟菩萨的造型最早出现于印度，后传入中国。此像头戴宝冠，微笑闭目，衣裙间残留着贴金彩绘的痕迹。

公历二〇一六年·九月 WEDNESDAY SEPT 7 2016

七日

孟法师碑

星期三

农历丙申年
八月初七

今日白露　一候鸿雁来

北齐·贴金彩绘石雕佛立像

山东青州市博物馆藏

北齐时期，单体佛造像数量大增。此尊造像身着袈裟，跣足而立，面容沉静。雕刻线条所表现的袈裟纹路流畅，彩绘犹存，艺术水平极高。

公历二〇一六年·九月 THURSDAY SEPT 8 2016

八日

卫景武公李靖碑

星期四

农历丙申年
八月初八

今日国际扫盲日

北齐·贴金彩绘石雕佛立像

山东青州市博物馆藏

此像断臂缺首，彩绘尽失，但躯体线条优美，袈裟上表现法界诸相的浮雕图案清晰可辨。

九日

九成宫醴泉铭

星期五

农历丙申年
八月初九

十五中秋节　廿二秋分

梁·贴金彩绘石雕阿育王立像

四川成都市博物馆藏

佛教在北朝兴盛的同时，也在南朝大行其道，故唐人有『南朝四百八十寺』之叹。从清末光绪年间直至上世纪五十年代，成都万佛桥陆续出土了数批佛像，经考证为南梁西蜀名刹万佛寺遗存。其中的数尊阿育王像，为国内目前所仅见。

梁·贴金石雕释迦多宝佛造像

四川成都市博物馆藏

此件造像也出于万佛寺，表现释迦、多宝二佛在菩萨、弟子和力士的簇拥下并坐说法的形象。人物布局紧凑，繁而不乱。

十日

颜勤礼碑

公历二〇一六年·九月 SATURDAY SEPT 10 2016

星期六

农历丙申年
八月初十

今日教师节　廿二秋分

公历二〇一六年·九月 SUNDAY SEPT 11 2016

十一

善见律

星期日

农历丙申年
八月十一

十五中秋节　廿二秋分

唐·陶彩绘骆驼俑

陕西乾陵博物馆藏

此驼四肢塑造略显细弱，但昂首翘尾的形态颇为生动。

位于今天陕西西安的隋都大兴、唐都长安，不但是全国经济文化的中心和丝路起点的国际化都会，也是佛教兴盛之地。长安城曾经星罗棋布的大小佛寺和时有出土的精美造像，充分证明了当时佛教信仰的普及和佛教艺术的发达。

十二

道因法师碑

星期一

农历丙申年
八月十二

今日二候玄鸟归

公历二〇一六年·九月 MONDAY SEPT 12 2016

东魏·鎏金铜三尊像

陕西历史博物馆藏

此件造像为北朝流行的一佛二菩萨三尊背屏式造像。底座和两旁的螭、龙口吐莲花，佛与菩萨立于莲台之上，衬以遍布火焰纹的背屏，虽然体量不大，但造型考究，再加上鎏金工艺，显得颇有气势。

公历二〇一六年·九月 TUESDAY SEPT 13 2016

十三

不空和尚碑

星期二

农历丙申年
八月十三

十五中秋节　廿二秋分

北周·贴金彩绘石雕菩萨立像

西安博物院藏

这件以白石雕就的菩萨立像一手持杨柳，一手握净瓶，遍身璎珞均贴金为饰。底座上的两尊护法狮子具有典型的北周风格。

十四

史晨前后碑

星期三

农历丙申年
八月十四

明日中秋节　廿二秋分

北周·白石雕佛头

西安碑林博物馆藏

这尊佛头丰唇细眉，神态安详，波纹状的发式体现出犍陀罗艺术的特点，而丰腴的面容则说明已充分本地土化了。

公历二〇一六年·九月

THURSDAY SEPT 15 2016

十五

玄堂帖

星期四

农历丙申年
八月十五

今日中秋节　国际民主日

隋·董钦造铜鎏金阿弥陀佛

西安博物院藏

隋开皇四年所铸的这组造像由二十余个单独部件组合而成，以结跏趺坐于莲台之上的阿弥陀佛为中心，左右各有胁侍菩萨和力士，莲台前为香薰，佛坛下有双狮护法。狮子劲健细瘦的造型，与北周雄浑敦厚的风格（参见9月13日图）相比，已有较大差异。

釋迦牟尼
佛降伏外
道時

公历二〇一六年·九月 FRIDAY SEPT 16 2016

十六

倪宽赞

星期五

农历丙申年
八月十六

今日国际保护臭氧层日

唐·石雕释迦牟尼降服外道造像

西安碑林博物馆藏

此像以高浮雕形式表现了脚踏覆莲座的释迦牟尼佛降服外道神祇日天、月天的情景。通过这尊雕像，我们可以了解佛教在传播过程中与其他宗教争取信众的情况。

公历二〇一六年·九月 SATURDAY SEPT 17 2016

十七

何家村窖藏金银器墨书

星期六

农历丙申年
八月十七

今日三候群鸟养羞

唐·石雕马头明王像

西安碑林博物馆藏

这件造像三头八臂，手中各持法器，是西安安国寺遗址出土的一件密宗造像。安国寺是唐长安城中的密宗大寺，在唐末会昌灭佛中被毁。此造像很可能就是此次运动中的遗存。

公历二〇一六年·九月 SUNDAY SEPT 18 2016

十八

上阳台帖

星期日

农历丙申年
八月十八

今日九一八事变纪念日

唐·陶彩绘胡人骑驼俑

陕西省考古研究院藏

骑驼者头戴尖帽，帽檐下露出浓密卷曲的头发，双腿后移，并夹紧驼身，同时上身也略微后仰，将骑驼行进之态刻画得十分逼真。

唐都长安以西二百里的扶风法门寺始建于东汉末年，在隋唐时期为规模宏大的皇家寺院。唐代200多年间，曾有数位皇帝于法门寺与长安皇宫之间迎送佛指舍利。史载『三十年一开，则岁丰人和』。其中唐末咸通年间的奉迎舍利，是唐代的最后一次，也是规模最大的一次。

十九

灵飞经

星期一

农历丙申年
八月十九

廿二秋分　一日国庆节

公历二〇一六年·九月　MONDAY SEPT 19 2016

唐·鎏金银捧真身菩萨像

陕西法门寺博物馆藏

此像是唐懿宗李漼为供奉佛指舍利专门敕命制作的，银鎏金质地，莲台之上的菩萨呈跪姿，手捧荷叶形盘，上置发愿文金匾，遍身珍珠璎珞，巧夺天工。

唐·鎏金铜象首金刚熏炉

陕西法门寺博物馆藏

咸通十四年，迎奉舍利的懿宗李漼驾崩，其后继位的僖宗李儇，将供养在宫中的佛指舍利送还法门寺，同时把舍利与众多皇家供奉之物封入塔下地宫，与世隔绝千年。1987年重建明代残塔时，地宫重见天日。

出土于地宫的此炉是供养佛指舍利的法器之一，造型敦厚，顶端的莲蕾之上，象首人身的密宗天神毗那夜迦手捧宝珠，作跪姿。

廿日

廻元观钟楼铭

星期二

农历丙申年
八月二十

今日全国爱牙日

公历二〇一六年·九月

TUESDAY SEPT 20 2016

公历二〇一六年·九月 WEDNESDAY SEPT 21 2016

廿一

李思训碑

星期三

农历丙申年
八月廿一

今日国际和平日

唐·鎏金铜浮屠

陕西法门寺博物馆藏

铜浮屠下设月台三层，上为攒尖顶的唐代楼阁，金刚力士守门，阁顶宝刹高耸，相轮、华盖层叠而上，既以中原传统建筑造型为基础，又引入了印度佛教相关理念，极尽华美。

唐·银芙蕖

陕西法门寺博物馆藏

莲花是佛教中的吉祥宝物。法门寺塔地宫中便有一对唐懿宗迎佛骨时所制的银莲花。这对莲花以纯银制作，花朵、叶片以曲折盘绕的银丝连结固定，形态逼真。

廿二

化度寺碑

星期四

农历丙申年
八月廿二

今日秋分　一候雷始收声

唐·鎏金雀鸟纹银香囊

陕西法门寺博物馆藏

据《西京杂记》载，『机环运转四周，而炉体常平』的此类燃香装置，为长安巧工丁缓所创，『大者为炉，可置床榻之间，小者称香囊，可笼于袖中』。此件香囊名称并非后人杜撰，而是据同出于地宫的物账碑上的记载而来。

廿三

同州圣教序

星期五

农历丙申年
八月廿三

一日国庆节　八日寒露

唐·八重宝函

陕西法门寺博物馆藏

为保无虞，佛教信徒在法门寺地宫所供奉的除真身指骨舍利之外，又制“影骨”三枚。其中一枚影骨，便以极尽精工华美的八重宝函盛放，藏于地宫之中。由外而内，这八重宝函分别是：

第八重，银棱顶檀香木宝函。

第七重，鎏金四天王顶银宝函。

第六重，素面顶银宝函。

第五重，鎏金如来说法顶银宝函。

第四重，六臂观音纯金顶宝函。

第三重，金筐宝钿珍珠装纯金宝函。

第二重，金筐宝钿珍珠装武夫石宝函。

第一重，宝珠顶单檐四门纯金塔。

除第八重以檀香木制作的宝函在出土时已经朽坏之外，其余七重宝函均保存完好。

廿四

三坟记

公历二〇一六年·九月 SATURDAY SEPT 24 2016

星期六

农历丙申年
八月廿四

一日国庆节　八日寒露

唐·三彩釉陶载物骆驼俑

洛阳博物馆藏

随着异域胡人来华经商甚至定居，不同的宗教信仰也持续在中原流传，或生根开花，或风流云散。粟特人信奉的祆教，又称拜火教，在近年出土的诸多文物上尤其是石椁、石榻等葬具上均有体现。有人认为，骆驼俑驮囊两侧常见的装饰人面正是祆神之像，或为商旅途中拜祭之用。

在已出土的唐代骆驼俑中，此驼的昂首嘶鸣之状刻画尤为生动。驼背两侧的人面装饰，或有宗教喻义，非常典型。

廿五

神策军碑

星期日

农历丙申年
八月廿五

一日国庆节　八日寒露

北周·安伽墓贴金彩绘门楣

陕西省考古研究院藏

信奉祆教的粟特人安伽，其墓葬中的诸多图像，除了反映异域的生活习俗，也有着浓厚的宗教色彩。

该墓门楣为半圆形，中部是承载于莲花三驼座上的火坛。升腾的火焰两边，两位仙女飞腾于空中，分别弹奏琵琶和箜篌。火坛两侧，各有一高鼻深目、人身鹰足、背生双翼的祭司，持神杖伸向摆满瓶花、杯盘等物的供案。左右下角各跪一人。

这块门楣与墓中石榻（参见7月26日）同样采用减地浮雕并彩绘贴金手法制作，但比石榻更为直接地体现了墓主人生前的宗教信仰。

廿六

颜氏家庙碑

星期一

农历丙申年
八月廿六

一日国庆节　八日寒露

公历二〇一六年·九月　MONDAY SEPT 26 2016

北周·史君石椁（局部）

西安博物院藏

墓主同样为祆教信徒的北周史君（参见7月27日）和隋代虞弘，他们墓室的石椁（参见7月28日）上，均雕有与安伽墓门楣相仿的祭祀图像。史君石椁上，两位鹰足鸟翼的祭司分居石椁正立面房门两侧窗棂下的方形火坛之前，脚下花叶繁盛。窗棂上部则是专注奏乐的两组乐伎（参见10月4日）。虞弘石椁也是男性乐伎（参见11月17日）与祭司的类似组合。

廿七

麻姑仙坛记

星期二

农历丙申年
八月廿七

今日二候蛰虫坏户

公历二〇一六年·九月 TUESDAY SEPT 27 2016

唐·老子像

西安碑林博物馆藏

道教是产生于中国本土的宗教。唐代帝王姓李，故将道家创始人李耳尊为先祖，奉道教为国教。这尊石雕老子像出土于西安临潼骊山，为唐华清宫朝元阁老君殿内遗物。

廿八

玄秘塔碑

星期三

农历丙申年
八月廿八

今日孔子诞辰纪念日

廿九

王居士砖塔铭

星期四

农历丙申年
八月廿九

一日国庆节　八日寒露

唐·《大秦景教宣元至本经》石经幢

洛阳博物馆藏

景教为基督教派别，曾风行于中亚，唐贞观年间传入中原。收藏于西安碑林博物馆的《大秦景教流行中国碑》是其代表性文物。而这件经幢，则刻有仿照佛经撰写的景教著作《大秦景教宣元至本经》，并装饰有飞天伎乐护侍的十字架图像，体现了异域宗教传播过程中的本土化。

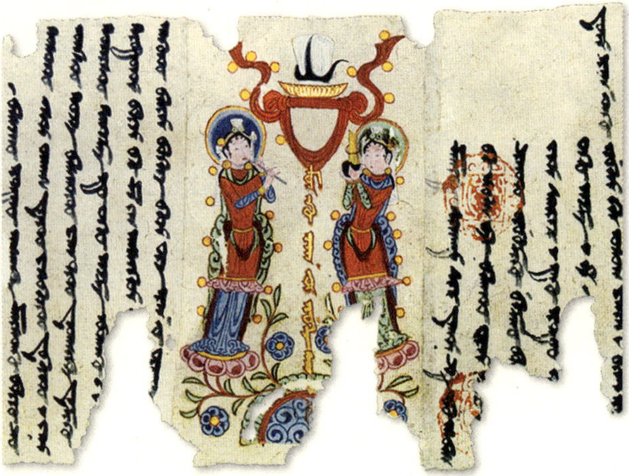

唐·粟特文摩尼教徒书信（局部）

新疆吐鲁番博物馆藏

摩尼教是公元3世纪波斯人摩尼在祆教基础上融合多种宗教而创立的，在唐代随着胡人东来传入中原，但被认为是借佛教形式传播的『邪见』。官方禁止信奉，但民间仍有或隐或现的传播。宋、元时农民起义多借此而起，明教亦为其本土化的一支。

这件文书以粟特文写就，并有彩绘描金的伎乐图，是摩尼教徒间的通信。

公历二〇一六年·九月 FRIDAY SEPT 30 2016

卅日

家侄帖

星期五

农历丙申年
八月三十

一日国庆节　八日寒露

卅一

伏审帖

星期六

农历丙申年
腊月初三

今日三候水泉动

唐·青釉模印贴花椰枣纹瓷壶
湖南省博物馆藏

南宋·德化窑青白釉喇叭口印花瓶
中国国家博物馆藏

元·黄釉军持
上海博物馆藏

明·青花缠枝菊纹盖盅
广东省文物考古研究所藏

清·广彩堆白开光人物纹杯
广东省博物馆藏

随着航海技术的进步和诸多条件的发展变化，唐代开拓的海上贸易航线在宋元两朝达到繁盛。历代外销瓷成为对外贸易的代表性商品。茫茫瀚海中驼铃悠悠的商旅往来，也被真正的蓝色海洋之上以船舶相连的海上丝绸之路所取代。

驻足今天，回望千年，我们会被前人在漫漫征途之上的锲而不舍所感动，我们也会沿着他们的足迹，再度启程。

公历二〇一六年·十二月 FRIDAY DEC 30 2016

卅日

家侄帖

星期五

农历丙申年
腊月初二

一日元旦　五日小寒

北周·安伽围屏石榻浮雕（局部）

陕西省考古研究院藏

此屏画面中，乐舞伎在席前奏乐起舞，隔着屏风的是忙着准备酒食的仆役。坐于榻上的宾主二人，则在侍从的陪伴下举杯畅饮。

丝路繁华带来了空前的中外交流。然而盛宴易散，以安史之乱为转折，大唐的繁盛永远地留在历史的记忆中了。

廿九

王居士砖塔铭

星期四

农历丙申年
腊月初一

一日元旦　五日小寒

公历二〇一六年·十二月 THURSDAY DEC 29 2016

北周·史君石椁浮雕（局部）

西安博物院藏

史君石椁外壁，有两处表现宴饮场景。一处是男女分席，多人露天围坐的场面，另一处即为此图中男女主人公于彩棚下对饮的画面。彩棚内演奏琵琶、箜篌、筚篥等乐器的乐手或坐或立，围绕于席前，棚外角落中，另有乐伎伴奏下的胡腾舞表演。庭园里花木繁茂，池塘中荷花盛开，水禽顾盼，既填充了画面，又充分烘托了宴饮的欢愉气氛。

廿八

玄秘塔碑

星期三

农历丙申年
十一月三十

一日元旦　五日小寒

公历二〇一六年·十二月　WEDNESDAY DEC 28 2016

北朝·石榻围屏浮雕（局部）

美国波士顿美术馆藏

这件石榻在其围屏的多个画面中均表现了墓主人在果实累累的葡萄架下（参见10月6日）、雕梁画栋的凉棚中宴饮欢聚的场景。

廿七

麻姑仙坛记

星期二

农历丙申年
十一月廿九

一日元旦　五日小寒

和田王国（公元3－5世纪）·人形水注

新疆维吾尔自治区博物馆藏

该器物以戴帽留须的胡人为主体造型，帽顶的圆口为注入口，与颈部相接的牛头嘴部为流出口，与源自西方的酒器来通（参见5月14日）相类。

公历二〇一六年·十二月 MONDAY DEC 26 2016

廿六

颜氏家庙碑

星期一

农历丙申年
十一月廿八

今日二候麋角解

唐·白瓷胡人献酒尊

陕西历史博物馆藏

张骞出使西域，开通丝路，也将葡萄带回中原，但以葡萄酿酒的方法，则长期掌握在胡人手中，因而唐人鲍防有『天马常衔苜蓿花，胡人岁献葡萄酒』之句。在中原开始广为栽种葡萄并酿酒之前，以皮囊盛放的葡萄酒或许也是丝路贸易的物品之一。此蹲坐造型的胡人俑怀抱的便是盛酒的皮囊，从发型和面容来看，此俑更像是昆仑奴。

廿五

神策军碑

星期日

农历丙申年
十一月廿七

今日圣诞节　一日元旦

唐·彩绘陶载物骆驼俑

陕西昭陵博物馆藏

此驼昂头左偏，张口嘶鸣，造型生动。装满货物的囊袋旁还悬挂着雉鸡和野兔，显然是主人的猎获。

公历二〇一六年·十二月 SATURDAY DEC 24 2016

廿四

三坟记

星期六

农历丙申年
十一月廿六

今日平安夜　明日圣诞节

唐·狩猎纹印花绢

新疆维吾尔自治区博物馆藏

绢上纹饰以回身引弓瞄准狮子的骑手为主体，辅以丛花、奔兔和飞鸟，疏密有致。此绢出土于阿斯塔纳墓群，为唐代印花织物的代表。

廿三

同州圣教序

星期五

农历丙申年
十一月廿五

一日元旦　五日小寒

唐·彩绘陶骑马带猞猁狩猎胡女俑

西安博物院藏

楚王云梦泽，汉帝长杨宫。
岂若因农暇，阅武出轘嵩。
三驱陈锐卒，七萃列材雄。
寒野霜氛白，平原烧火红。
雕戈夏服箭，羽骑绿沉弓。
怖兽潜幽壑，惊禽散翠空。
长烟晦落景，灌木振严风。
所为除民瘼，非是悦林丛。

——唐　李世民《出猎》

廿二

化度寺碑

星期四

农历丙申年
十一月廿四

一日元旦　五日小寒

唐·彩绘陶骑马驮鹿狩猎胡僮俑

西安博物院藏

幽州胡马客，绿眼虎皮冠。
笑拂两只箭，万人不可干。
弯弓若转月，白雁落云端。
双双掉鞭行，游猎向楼兰。
……
妇女马上笑，颜如赪玉盘。
翻飞射鸟兽，花月醉雕鞍。
……

——唐　李白《幽州胡马客歌》

廿一

李思训碑

星期三

农历丙申年
十一月廿三

今日冬至　一候蚯蚓结

公历二〇一六年·十二月　WEDNESDAY DEC 21 2016

唐·彩绘陶骑马架鹰狩猎胡俑

西安博物院藏

此俑梳双髻，白袍黑靴，端坐马上，架鹰待行。王维《观猎》有『草枯鹰眼疾，雪尽马蹄轻』之句，可见以鹰为狩猎的辅助在当时已不鲜见。

廿日

廼元观钟楼铭

星期二

农历丙申年
十一月廿二

今日澳门回归纪念日
国际人类团结日

唐·彩绘陶骑马抱犬狩猎胡俑

西安博物院藏

此俑胡服半着，袒胸露臂，一只猎犬卧于鞍前，显然是即将随主人的狩猎队伍出发。

十
九

灵飞经

星期一
农历丙申年
十一月廿一

廿一冬至　一日元旦

公历二〇一六年·十二月 MONDAY DEC 19 2016

唐·彩绘陶骑马带豹狩猎胡俑

西安博物院藏

胡人擅于骑射，唐人高适《营州歌》便有『虏酒千钟不醉人，胡人十岁能骑马』之句。唐代高官贵戚的墓葬中，多有胡人形象的出猎俑。

此俑表现载有豹子的胡人猎骑。此类豹子是用于狩猎的驯豹。

十六

上阳台帖

星期日

农历丙申年
十一月二十

今日国际移徙者日

隋·彩绘浮雕石椁（局部）

山西博物院藏

虞弘石椁内壁描绘猎狮场景的画面有二，此为其一（另一幅见12月11日）。画中主人公引弓回首，瞄准一头狮子，骆驼也咬住了另一头狮子，显然已经掌握了主动。

公历二〇一六年·十二月 SUNDAY DEC 18 2016

十七

何家村窖藏金银器墨书

星期六

农历丙申年
十一月十九

今日三候荔挺出

公历二〇一六年·十二月 SATURDAY DEC 17 2016

唐·描金白石出猎俑

中国国家博物馆藏

这两件大理石质地的人俑1958年出土于唐玄宗的亲信宦官杨思勖墓，造型逼真，雕刻精美，表现的可能是出猎时紧随主人，携带弓箭的仆役。

十六

倪宽赞

星期五

农历丙申年
十一月十八

廿一冬至　一日元旦

隋·虞弘墓石椁（局部）

山西博物院藏

虞弘墓石椁底座外壁，也以类似壶门的装饰手法分割画面，表现猎手骑马飞奔、追逐野兽的景象。在祆教中具有特殊含义的狗也频繁出现在画中。

公历二〇一六年·十二月 THURSDAY DEC 15 2016

十五

玄堂帖

星期四

农历丙申年
十一月十七

廿一冬至　一日元旦

北周·安伽围屏石榻(局部)

陕西省考古研究院藏

此幅画面也分为上下两部分。上半部为乐舞宴饮场景，两小儿在乐手伴奏下相对起舞，主人公举杯观赏。下半部则为射猎狮子、野猪等场景。

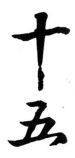

公历二〇一六年·十二月 WEDNESDAY DEC 14 2016

十四

史晨前后碑

星期三

农历丙申年
十一月十六

廿一冬至　一日元旦

北周·安伽围屏石榻（局部）

陕西省考古研究院藏

与史君石椁类似，安伽围屏石榻的十二条屏，也有好几幅描绘纵马出猎的场面。

此幅下部，虎、鹿、羊、兔等大小野兽在前狂奔，猎手在后追逐；画面上部，则描绘了粟特人葬具上经常表现的骑手遭遇狮子袭击、奋起反抗的场景。

十
二

不空和尚碑

星期二
农历丙申年
十一月十五

廿一冬至　一日元旦

北周·史君墓石椁（局部）

西安博物院藏

史君石椁底座边缘也全部以浮雕装饰，雕有猎杀狮子、野猪等场景。其中，两头狮子交叉扑跳、两猎手分别射猎的图式，在萨珊王朝的金银器、织物等的纹饰中颇为常见。

公历二〇一六年·十二月 MONDAY DEC 12 2016

十二

道因法师碑

星期一

农历丙申年
十一月十四

今日二候虎始交

北周·史君墓石椁（局部）

西安博物院藏

深受异域元素影响的粟特人葬具，对出猎活动多有描绘。史君石椁此幅画面即表现了墓主人生前纵马引弓、奔逐野兽的场景。

十一

善见律

星期日

农历丙申年
十一月十三

今日国际山岳日

隋·彩绘浮雕石椁(局部)

山西博物院藏

虞弘石椁除描绘了墓主人生前日常宴乐出游等场景外，也描绘了惊心动魄的非常时刻。石椁内壁紧邻的两方画面均描绘了骑驼出行与狮子相遇的场景，或为连贯场景。其中一幅(另一幅见12月18日)左右均衡，颇具装饰意味，但所描绘情景则剑拔弩张、险象环生：右边的狮子扑咬骆驼，骆驼昂首嘶鸣，急欲摆脱，左边的狮子则扑向骑驼者，使其引弓相向无暇他顾。

公历二〇一六年·十二月 SATURDAY DEC 10 2016

十日

颜勤礼碑

星期六

农历丙申年
十一月十二

廿一冬至　一日元旦

唐·三彩釉陶杂耍俑

西安博物院藏

此俑表现的是六个儿童在身体矮壮的力士头顶表演百戏杂耍——叠罗汉。孩子们层叠而立，却在惊险之中左顾右盼、故作轻松。立于顶端的小儿露出其秽，故作诙谐之姿。

九日

九成宫醴泉铭

星期五

农历丙申年
十一月十一

今日国际反腐败日

公历二〇一六年·十二月 FRIDAY DEC 9 2016

唐·彩绘倒立杂技童俑

西安博物院藏

此俑出土于金乡县主墓，是杂技百戏组俑中的一件，该俑为头梳双髻，表演倒立的儿童。由其身上彩绘的衣服痕迹看，应为独臂，这更说明其技艺之高超。

公历二〇一六年·十二月 THURSDAY DEC 8 2016

八日

卫景武公李靖碑

星期四

农历丙申年
十一月初十

廿一冬至　一日元旦

唐·彩绘陶黑人百戏俑

新疆维吾尔自治区博物馆藏

在唐代，昆仑奴是由多种途径输入中原的鬈发黑肤仆役的泛称（参见7月21～23日）。独特的样貌和种种奇技也使其成为乐舞百戏中的独特角色。据《旧唐书·音乐志》所载，五方狮子舞中的引逗狮子者『服饰作昆仑象』，即打扮成昆仑奴的样子，这可能与职贡图中昆仑奴牵狮进献的场面有一定渊源。此俑所表现的或许就是五方狮子舞中的引逗者。

七日

孟法师碑

星期三

农历丙申年
十一月初九

今日大雪　一候鹖鴠不鸣
国际民航日

唐·彩绘陶舞狮俑

新疆维吾尔自治区博物馆藏

狮子的形像经由各种器物装饰自异域传入中原（参见5月5日），以其威严雄壮的形象而成为驱邪神兽。五方狮子舞是融入了西域元素的唐代中原舞蹈，也可视为百戏杂耍中的一项。此俑表现的并非真狮子，腹下伸出的四条人腿，表明它是由两个人配合装扮而成，很可能就是在表演文献中所载的『五方狮子舞』。

公历二〇一六年・十二月 TUESDAY DEC 6 2016

六日

伊阙佛龛碑

星期二

农历丙申年
十一月初八

明日大雪　廿一冬至

唐・彩绘陶袒腹胡人俑

甘肃庆城县博物馆藏

此俑咧嘴瞪眼，表情夸张，坦胸露腹，装束奇特，双臂藏于身后，似在表演手彩戏法。

公历二〇一六年·十二月 MONDAY DEC 5 2016

五日

九成宫醴泉铭

星期一

农历丙申年
十一月初七

今日国际促进经济和社会发展志愿人员日

唐·打马球图壁画

陕西省考古研究院藏

一般认为，唐代盛行的马球源自吐蕃，唐墓壁画中也时有发现。除了上世纪70年代出土的章怀太子墓《马球图》外，2004年李邕墓出土的此图，也是表现唐代皇室打马球场景的杰作。唐人笔记中，中宗朝吐蕃使节入长安迎娶金城公主，在与唐皇室的马球比赛中屡占上风，李邕等几位皇子登场，终于反败为胜。墓中绘制了如此大幅的《打马球图》，或许也是对这件事的一种纪念吧！

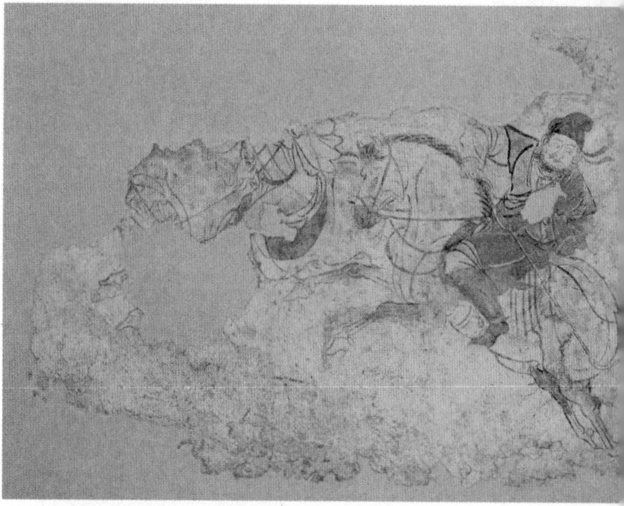

四日

张翰帖

星期日

农历丙申年
十一月初六

七日大雪　廿一冬至

唐·狩猎出行图壁画（局部）

陕西历史博物馆藏

狩猎，作为踏尘扬鞭的户外运动，备受唐代皇室喜爱，以至于章怀太子墓壁画中也对此着重描绘。山野间纵马狂奔的壮阔画面中，居然出现了骆驼的形象，且作载物狂奔之态，与以往多以立姿、卧姿或缓步前行的骆驼陶俑大异其趣。

十二月

张好好诗卷

星期六

农历丙申年

十一月初五

今日国际残疾人日

鎏金人物画银香宝子（局部）

陕西法门寺博物馆藏

法门寺塔地宫所出两件银香宝子（参见4月28日），形制相同，但壸门内的图像则各异（参见10月31日）。此图表现两高士对弈、一人于侧观棋的场景。为唐宋器物上常见的人物故事题材，也体现了远播西域的奕棋活动所具有的悠久传统。

二日

雁塔圣教序

星期五

农历丙申年
十一月初四

今日三候闭塞成冬

公历二〇一六年·十二月

FRIDAY DEC 2 2016

唐·木围棋盘

新疆维吾尔自治区博物馆藏

如果说前页的绢画有可能绘制于中原，未必反映西域的弈棋之风，那么作为陪葬品的这件木围棋盘，则可以充分说明高昌当地尤其是墓主人对围棋的喜好。这件棋盘呈正方形，盘面纵横各有19道，与今天的围棋盘规制相同。棋盘边沿嵌有牙条，简洁美观。而四面开壸门的底座则与前页绢画上所绘棋盘形式相类，图物互证。

一日

多宝塔碑

星期四

农历丙申年
十一月初三

今日世界艾滋病日

唐·弈棋贵妇绢画

新疆维吾尔自治区博物馆藏

起源于中原的围棋，是没有硝烟、不战而屈人之兵的战场。在唐代不但流行于中原，也远播西域。这幅出土于阿斯塔纳墓群的绢画，描绘了唐代女性于榻上对弈的情景。可惜画面残损，仅余一人。画中妇人额饰花钿，妆容秾丽，穿红着绿，中指和食指夹子待落，姿态优雅。

胡琴琵琶與羌笛

樂舞神州

十二月

踏尘扬鞭

第四十九周·高昌棋趣

第五十周·百戏纷呈

第五十一周·猎骑如风

第五十二周·胡猎诸相

第五十三周·盛宴重开

December

卅日

家侄帖

星期三

农历丙申年
十一月初二

七日大雪　廿一冬至

唐·彩绘陶踞坐说唱女俑

西安博物院藏

此俑梳双髻，着白色圆领窄袖袍，系黑色腰带，头部略偏，伸手作说唱状，很是生动。

廿九

王居士砖塔铭

星期二

农历丙申年
十一月初一

七日大雪　廿一冬至

公历二〇一六年·十一月　TUESDAY NOV 29 2016

唐·彩绘陶参军戏俑

西安博物院藏

参军戏是流行于唐宋之间的一种滑稽调笑的表演形式，即后人所称滑稽戏。此俑装束一胡一汉，两相应和，虽已残损，但仍可见其嬉笑神情。

廿八

玄秘塔碑

星期一

农历丙申年
十月廿九

七日大雪　廿一冬至

公历二〇一六年·十一月 MONDAY NOV 28 2016

唐·陶说唱俑

陕西历史博物馆藏

唱得凉州意外声，旧人唯数米嘉荣。
近来时世轻先辈，好染髭须事后生。
——唐　刘禹锡《与歌者米嘉荣》

廿七

麻姑仙坛记

星期日

农历丙申年
十月廿八

今日二候天气升地气降

唐·三彩釉陶载乐骆驼俑

陕西历史博物馆藏

在已出土的骆驼俑中，两件表现唐人百戏的载乐骆驼堪称绝世名品，国家博物馆所藏西安鲜于廉墓所出者（参见11月6日）为其一，此件为其二。此件更以女性形象塑造，居中站立的歌者，或为念奴，引人浮想联翩。

公历二〇一六年·十一月 SATURDAY NOV 26 2016

廿六

颜氏家庙碑

星期六

农历丙申年
十月廿七

七日大雪　廿一冬至

唐·彩绘舞蹈俑

西安博物院藏

杨柳青青江水平，闻郎江上踏歌声。
东边日出西边雨，道是无晴却有晴

——唐　刘禹锡《竹枝词二首》其一

公历二〇一六年·十一月 FRIDAY NOV 25 2016

廿五

神策军碑

星期五

农历丙申年
十月廿六

今日消除对妇女的
暴力行为国际日

唐·胡旋舞木俑
河南焦作市博物馆藏

吾闻黄帝鼓清角，弭伏熊罴舞玄鹤。
舜持干羽苗革心，尧用咸池凤巢阁。
大夏濩武皆象功，功多已讶玄功薄。
汉祖过沛亦有歌，秦王破阵非无作。
作之宗庙见艰难，作之军旅传糟粕。
明皇度曲多新态，宛转侵淫易沉著。
赤白桃李取花名，霓裳羽衣号天落。
雅弄虽云已变乱，夷音未得相参错。
自从胡骑起烟尘，毛毳腥膻满咸洛。
女为胡妇学胡妆，伎进胡音务胡乐。
火凤声沉多咽绝，春莺啭罢长萧索。
胡音胡骑与胡妆，五十年来竞纷泊。

——唐 元稹

《和李校书新题乐府十二首·法曲》

公历二〇一六年·十一月 THURSDAY NOV 24 2016

廿四

三坟记

星期四

农历丙申年
十月廿五

今日感恩节　七日大雪

唐·胡旋舞木俑
河南焦作市博物馆藏

胡旋女，胡旋女，心应弦，手应鼓。
弦鼓一声双袖举，回雪飘飖转蓬舞。
左旋右转不知疲，千匝万周无已时。
人间物类无可比，奔车轮缓旋风迟。
曲终再拜谢天子，天子为之微启齿。
胡旋女，出康居。徒劳东来万里余。
中原自有胡旋者，斗妙争能尔不如。
天宝季年时欲变，臣妾人人学圜转。
中有太真外禄山，二人最道能胡旋。
梨花园中册作妃，金鸡障下养为儿。
禄山胡旋迷君眼，兵过黄河疑未反。
贵妃胡旋惑君心，死弃马嵬念更深。
从此地轴天维转，五十年来制不禁。
胡旋女，莫空舞，数唱此歌悟明主。

——唐　白居易《胡旋女》

公历二〇一六年·十一月 WEDNESDAY NOV 23 2016

廿三

同州圣教序

星期三

农历丙申年
十月廿四

七日大雪　廿一冬至

唐·胡旋舞木俑
河南焦作市博物馆藏

胡腾身是凉州儿，肌肤如玉鼻如锥。
桐布轻衫前后卷，葡萄长带一边垂。
帐前跪作本音语，拾襟搅袖为君舞。
安西旧牧收泪看，洛下词人抄曲与。
扬眉动目踏花毡，红汗交流珠帽偏。
醉却东倾又西倒，双靴柔弱满灯前。
环行急蹴皆应节，反手叉腰如却月。
丝桐忽奏一曲终，呜呜画角城头发。
胡腾儿，胡腾儿，家乡路断知不知？

——唐　李端《胡腾儿》

公历二〇一六年·十一月 TUESDAY NOV 22 2016

廿二

化度寺碑

星期二

农历丙申年
十月廿三

今日小雪　一候虹藏不见

唐·胡旋舞玉带饰
西安博物院藏

金刀剪轻云，盘中黄金楼。
装束赵飞燕，教来掌中舞。
舞罢飞燕死，片片随风去。
如莲花，舞北旋，世人有眼应未见。
高堂满地红氍毹，试舞一曲天下无。
此曲胡人传入汉，诸客见之惊且叹。
曼脸娇娥纤复秾，轻罗金缕花葱茏。
回裾转袖若飞雪，左旋右旋生旋风。
琵琶横笛和未匝，花门山头黄云合。
忽作出塞入塞声，白草胡沙寒飒飒。
翻身入破如有神，前见后见回回新。
始知此曲不可比，采莲落梅徒聒耳。
世人学舞只是舞，姿态岂能得如此。

——唐 岑参《田使君美人如莲花舞北旋歌》

廿一

李思训碑

星期一

农历丙申年
十月廿二

今日世界电视日

北朝·围屏石榻浮雕（局部）

美国华盛顿赛克勒亚洲艺术博物馆藏

石国胡儿人少见，蹲舞樽前急如鸟。
织成蕃帽虚顶尖，细毡胡衫双袖小。
手中抛下蒲萄盏，西顾忽思乡路远。
跳身转毂宝带鸣，弄脚缤纷锦靴软。
四座无言皆瞪目，横笛琵琶遍头促。
乱腾新毯雪朱毛，傍拂轻花下红烛。
酒阑舞罢丝管绝，木槿花西见残月。

——唐　刘言史《王中丞宅夜观舞胡腾》

廿日

迥元观钟楼铭

星期日

农历丙申年
十月廿一

廿二小雪　七日大雪

唐·彩绘胡人骑驼俑

美国堪萨斯纳尔逊艺术博物馆藏

胡旋舞与胡腾舞，各有不同却又多少有些相似，更有诸多舞蹈在文献中仅留下了名称，因而对文物中所表演的舞蹈进行确切认定并非易事。唐诗中记录的飞扬神采，寄托的感慨叹息，与这些静止无言的历史遗存放在一起，观舞读诗，两相照应，能否将今人带回到那个繁华盛世？

公历二〇一六年·十一月 SATURDAY NOV 19 2016

十九

灵飞经

星期六

农历丙申年

十月二十

廿二小雪　七日大雪

唐·鎏金铜胡腾俑

甘肃山丹县艾黎捐赠文物陈列馆藏

这件铜俑，是表现唐代胡腾舞形象的代表性文物。舞者头戴尖帽，背负葫芦，伸臂翘脚，衣袖裙角随着腾踏的舞姿飞扬而起。

十八

上阳台帖

星期五

农历丙申年
十月十九

廿二小雪　七日大雪

公历二〇一六年·十一月 FRIDAY NOV 18 2016

唐·乐舞图壁画（局部）

陕西历史博物馆藏

苏思勖墓中的此壁画，中部为一深目高鼻、满脸胡须的胡人，头戴顶尖胡帽，身着长袖衫，腰系黑带，足穿黄靴，举左手抬右足，在左右乐队的伴奏下翩然起舞。

十七

何家村窖藏金银器墨书

星期四

农历丙申年
十月十八

今日三候雉入大水为蜃

隋·虞弘石椁浮雕（局部）

山西博物院藏

虞弘石椁遍体饰以雕刻、彩绘。除了主体部分以繁复精美的雕刻表现诸多生活场景外，边饰也表现了狩猎、乐舞等场景。这一画面中，一人怀抱琵琶，以手拨弄；一人举臂弯腰，舞之蹈之。表演者均身披彩带，袍服上的花纹亦色彩鲜艳。虽然人物头后似有背光，或为神祇，但其形象也在一定程度上反映了当时现实中的表演装束。

公历二〇一六年·十一月 WEDNESDAY NOV 16 2016

十六

倪宽赞

星期三

农历丙申年
十月十七

今日国际宽容日

隋·虞弘石椁浮雕（局部）

山西博物院藏

太原出土的隋代虞弘石椁与西安出土的北周安伽石榻一样，也体现了墓主人为来自域外的胡人。石椁主体部分以彩绘浮雕表现宴饮、出行等画面。这一画面中，中间的舞者鼻梁高挺，异域特征明显，在两旁乐伎的伴奏下，帛带飞舞，似腾似旋。

十五

玄堂帖

星期二

农历丙申年
十月十六

廿二小雪　七日大雪

公历二〇一六年·十一月　TUESDAY NOV 15 2016

北周·安伽围屏石榻（局部）

陕西省考古研究院藏

此开亦为野宴舞蹈场面。画面上部主人坐于榻上，持杯欲饮；下部身着红袍的舞者甩袖起舞；两边仆从或托举器皿以待主人之需，或与舞者击节应和，场面热烈欢畅。

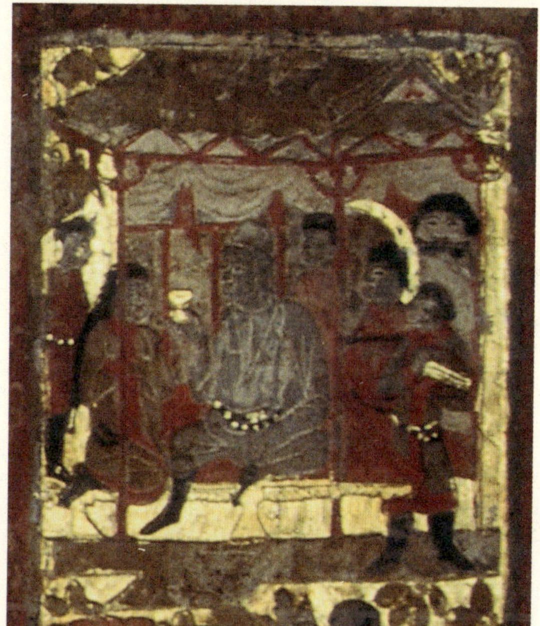

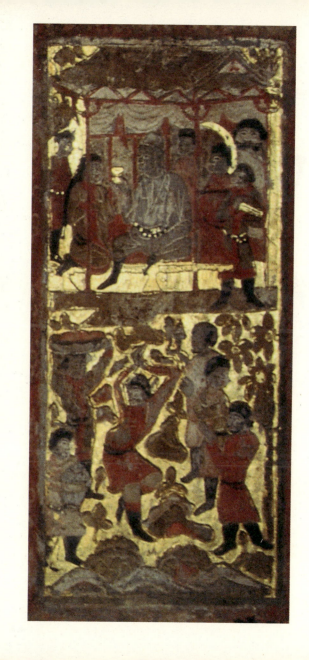

十四

史晨前后碑

星期一

农历丙申年
十月十五

今日世界防治糖尿病日

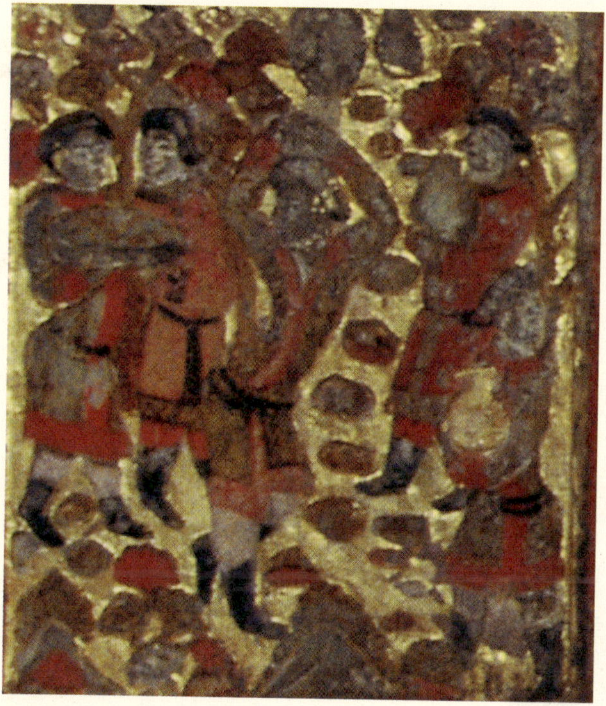

北周·安伽围屏石榻(局部)

陕西省考古研究院藏

安伽围屏石榻彩绘贴金，极尽奢华。榻上左、中、右三块石板围屏被划分成大小相同的条屏十二开，屏上内容丰富，异域色彩浓厚，弥足珍贵。此开上部为琵琶、箜篌等器乐伴奏（参见10月3日），下部中间的舞者举臂送髋，舞姿优美，周围四个仆从或捧或抱着各类器皿，或专注观舞，或私语他顾，表现野宴欢聚场面。

十二

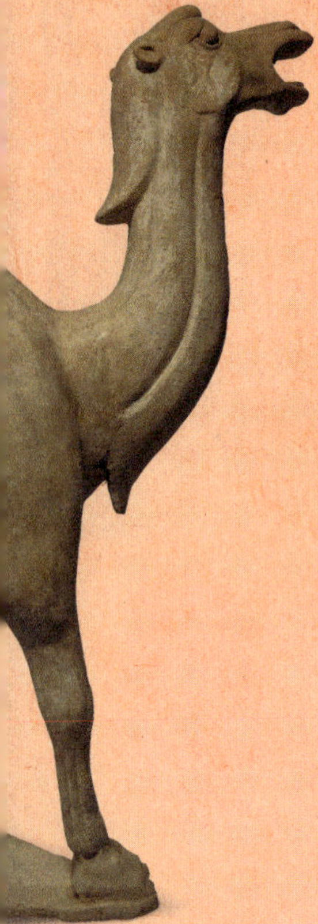

不空和尚碑

星期日

农历丙申年
十月十四

廿二小雪　七日大雪

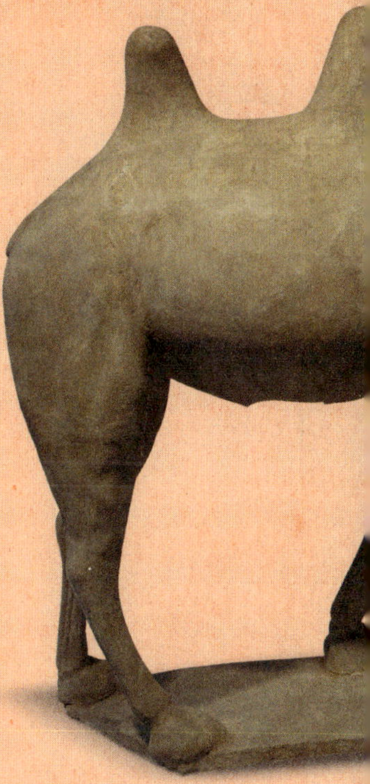

唐·彩绘骆驼俑

南京博物院藏

与胡旋舞同样来自西域的胡腾舞，以应节腾跃、舞姿刚劲为特点。这件骆驼俑侧头张口，迈步而行，亦如应节踏歌而舞。

十二

道因法师碑

星期六

农历丙申年
十月十三

今日二候地始冻

公历二〇一六年·十一月 SATURDAY NOV 12 2016

唐·乐舞图壁画（局部）

陕西历史博物馆藏

此图将背景设置于花木繁盛的室外，乐部和舞者均居毡毯之上，与其他只绘人物、不绘背景的唐墓乐舞壁画相比别有特色，也体现了域外生活习惯对中原的影响。

十一

善见律

星期五

农历丙申年
十月十二

廿二小雪　七日大雪

唐·乐舞图壁画（局部）

陕西历史博物馆藏

对于广泛流行于宫廷、民间的胡旋舞，白居易的《胡旋女》诗曾作如下描述：『天宝季年时欲变，臣妾人人学圜转。中有太真外禄山，二人最道能胡旋。』韩休墓所出《乐舞图》中，左右两侧乐队，分男女两部，中间的舞者一男一女，抬臂翘脚，姿态优美，所跳的可能正是胡旋舞。

十日

颜勤礼碑

星期四

农历丙申年
十月十一

廿二小雪　七日大雪

唐·乐舞图壁画

陕西历史博物馆藏

唐代韩休墓壁画是近年来的考古新发现，包括《乐舞图》、《树下高士图》等在内的壁画引人瞩目。韩休曾在玄宗朝位居宰相，其子韩滉为著名画家，故宫博物院所藏《五牛图》便为其传世名作。

公历二〇一六年·十一月 WEDNESDAY NOV 9 2016

九日

九成宫醴泉铭

星期三

农历丙申年
十月初十

廿二小雪　七日大雪

唐·胡旋舞石刻墓门

宁夏回族自治区博物馆藏

唐杜佑《通典》载：『康国舞二人，绯袄锦袖，绿绫浑裆裤，赤皮靴，白袴。双舞急转如风，俗云「胡旋」。』出土于宁夏盐池的这对石刻墓门，以减地浮雕的形式，刻画了两位身披帛带的男性胡人舞者应节而舞、衣带飘飞的场面。

八日

卫景武公李靖碑

星期二

农历丙申年
十月初九

今日记者节

唐·胡旋舞

敦煌莫高窟第220窟北壁

唐代工匠在敦煌壁画中，通过对西方极乐世界的描绘，客观展现了当时风行的乐舞盛况。莫高窟第220窟等洞窟便有典型的胡旋舞画面。

七日

孟法师碑

星期一

农历丙申年
十月初八

今日立冬　一候水始冰

北朝·胡乐纹黄釉扁壶

河南博物院藏

随着丝路的繁荣、东西方文化交流愈见频繁。来自中亚石国（今乌兹别克斯坦首都塔什干一带）等地的胡旋舞、胡腾舞等西域舞蹈逐渐在中原盛行。此壶脱胎于丝路商旅所用的皮囊壶，外壁刻画的便是四位乐手簇拥着舞者的乐舞场景。

六日

伊阙佛龛碑

星期日

农历丙申年
十月初七

明日立冬　廿二小雪

公历二〇一六年·十一月 SUNDAY NOV 6 2016

唐·三彩釉陶载乐骆驼俑

中国国家博物馆藏

唐人笔记中有以骆驼驮高台歌舞的记载，此俑即以放大骆驼比例的夸张手法对此加以表现。台上五人，胡汉兼有，一人居中站立，衣袖甩动，似歌似舞；四人盘坐，或弹琵琶，或奏笙箫，神情专注，充分表现了盛唐舞乐之盛况。

公历二〇一六年·十一月 SATURDAY NOV 5 2016

五日

九成宫醴泉铭

星期六

农历丙申年
十月初六

七日立冬　廿二小雪

唐·黄釉舞蹈俑

西安博物院藏

这尊舞蹈俑体量不大，同时也因上釉烧制而面目模糊。但扭动的腰肢却将舞蹈中优美的动态充分地展现了出来。10月26日的吹排箫女俑与此俑为同一组伎乐俑。

公历二〇一六年・十一月 FRIDAY NOV 4 2016

四日

张翰帖

星期五

农历丙申年
十月初五

七日立冬　廿二小雪

唐·灰陶乐舞俑

故宫博物院藏

唐代乐舞发达，西安、洛阳一带的唐墓中出土了大量精美绝伦的乐舞俑。这组乐舞俑人中，两件舞蹈俑侧头举臂，弯腰曲腿，翩翩起舞，表现的应当是中原传统的『软舞』。五件乐俑分持琵琶、排箫、笙、钹、腰鼓，或坐或立，与『坐部伎』和『立部伎』相对应。

三日

张好好诗卷

星期四

农历丙申年
十月初四

七日立冬　廿二小雪

公历二〇一六年·十一月

THURSDAY NOV 3 2016

唐·舞蹈图壁画

中国国家博物馆藏

曾经盛行于汉魏民间的巾舞，在隋唐时期也出现在宫廷宴享的场合中，『软舞』与雄浑刚健的『健舞』相对，属于舒缓柔美的舞蹈。1957年出土于陕西省长安县突厥人执失奉节墓的这方壁画中，舞女发挽高髻，双臂舒展，持披帛而舞，据考证所表现的正是唐代的巾舞形象。

二日

雁塔圣教序

星期三

农历丙申年
十月初三

今日三候蛰虫咸俯

西汉·舞蹈玉人

西安博物院藏

汉代戚夫人『善为翘袖折腰之舞』，赵飞燕身轻『能作掌上舞』等，只能为雕塑绘画截取静止画面的肢体律动，反倒让今人有更多的想象空间，尝试将史书中的只言片语与幸存至今的舞蹈文物对号入座。2010年西安汉宣帝杜陵陵区新出土的这对玉舞人，便被视为『翘袖折腰』之舞的写照。

一日

多宝塔碑

星期二

农历丙申年
十月初二

七日立冬　廿二小雪

公历二〇一六年·十一月　TUESDAY NOV 1 2016

西汉·彩绘舞蹈俑

中国国家博物馆藏

舞蹈是人类表达情感的艺术形式之一。古人或婀娜、或刚健的舞姿，在文字记载之外得以被陶俑等诸多文物定格，为今人提供了更为生动的视觉记录。出自西安的西汉彩绘舞蹈俑，便惟妙惟肖地再现了丝路起点——汉都长安的宫室中曾经的腰肢扭转、长袖飘飞。

十一月

曼舞轻歌

胡琴琵琶與羌笛 樂舞神州

第四十五周·舞动霓裳

第四十六周·乐舞胡旋

第四十七周·飞扬腾踏

第四十八周·歌舞不绝

November

廿一

伏审帖

星期一
农历丙申年
十月初一

七日立冬　廿二小雪

公历二〇一六年・十月　MONDAY OCT 31 2016

唐·鎏金银盘

西安博物院藏

唐·鎏金人物画银香宝子

陕西法门寺博物馆藏

琴是发源于中国本土的传统乐器。魏晋以来，抚琴成为文人高士修身养性的文化活动。唐代金银器，除以神禽异兽等带有异域色彩的图案装饰外，也常表现传统的人物故事。例如，法门寺塔地宫出土的鎏金银香宝子和西安博物院所藏菱花形盘，便錾刻有高士抚琴、仙鹤起舞的画面。

主人有酒欢今夕，请奏鸣琴广陵客。
月照城头乌半飞，霜凄万木风入衣。
铜炉华烛烛增辉，初弹渌水后楚妃。
一声已动物皆静，四座无言星欲稀。
清淮奉使千余里，敢告云山从此始。

——唐　李颀《琴歌》

廿日

家侄帖

星期日

农历丙申年
九月三十

七日立冬　廿二小雪

唐·卧驼俑

甘肃省博物馆藏

此驼身负驮囊，屈肢而卧，昂首闭口不鸣，整体造型浑厚简洁。

廿九

王居士砖塔铭

星期六

农历丙申年
九月廿九

七日立冬　廿二小雪

唐·彩绘陶骑马单手吹乐俑

西安博物院藏

此俑右手上举，于嘴前作吹奏状。所持疑为筚篥一类的吹奏乐器。

廿八

玄秘塔碑

星期五

农历丙申年
九月廿八

今日二候草木黄落

唐·彩绘陶骑马双手吹乐俑

西安博物院藏

此俑双手作持物吹奏状，所持乐器或为胡笳。胡笳音色深沉悠远，哀而不伤，是边塞诗中常用的抒怀符号。唐人杜牧曾作《边上闻笳》三首，其一曰：

何处吹笳薄暮天？塞垣高鸟没狼烟。
游人一听头堪白，苏武争禁十九年。

廿七

麻姑仙坛记

星期四

农历丙申年
九月廿七

今日世界音像遗产日

公历二〇一六年·十月 THURSDAY OCT 27 2016

唐·彩绘陶骑马吹排箫俑

西安博物院藏

排箫的管数和长度历代各有不同。唐杜佑《通典·乐四》载蔡邕言：『箫，编竹，有底。大者二十三管；小者十六管。长则浊，短则清。以蜜蜡实其底而增减之则和。』而开元年间所制此俑，手持的排箫则由九根竹管组成。

廿六

颜氏家庙碑

星期三

农历丙申年
九月廿六

七日立冬　廿二小雪

唐·吹排箫女俑

西安博物院藏

唐代宫廷乐舞发达，器乐演奏分坐部乐和立部乐。此俑坐持排箫吹奏，为坐部乐中的一员。

廿五

神策军碑

星期二

农历丙申年
九月廿五

七日立冬　廿二小雪

唐・吹排箫乐伎壁画

中国国家博物馆藏

这方壁画1953年出土于陕西咸阳，画中乐伎发髻高挽，长裙曳地，手持排箫，徐徐吹奏，略有悲戚之色。

公历二〇一六年·十月 MONDAY OCT 24 2016

廿四

三坟记

星期一

农历丙申年
九月廿四

七日立冬　廿二小雪

唐·彩绘陶骑马吹筚篥女俑

西安博物院藏

《旧唐书·音乐志》载：『筚篥，本名悲器，出于胡中，其声悲。』金乡县主墓所出此俑骑于马上，身体略微左转，双手持筚篥，凝神吹奏。

廿三

同州圣教序

星期日

农历丙申年
九月廿三

今日霜降　一候豺乃祭兽

公历二〇一六年·十月

SUNDAY OCT 23 2016

唐·卧驼俑

陕西历史博物馆藏

这件骆驼俑长颈前伸，昂头欲鸣，或许正在与起起伏伏的丝路胡乐两相和鸣。

公历二〇一六年·十月 SATURDAY OCT 22 2016

廿二

化度寺碑

星期六

农历丙申年
九月廿二

明日霜降　七日立冬

唐·彩绘陶骑马敲钹女俑

西安博物院藏

《旧唐书·音乐志》载：「铜钹，亦谓之铜盘，出西戎及南蛮，其圆数寸，隐起如浮沤，贯之以韦，相击以和乐也。南蛮国大者圆数尺。」

出土于金乡县主墓的此俑，表现的正是马上女乐仪仗中的敲钹形象。

廿一

李思训碑

星期五

农历丙申年
九月廿一

廿三霜降　七日立冬

唐·彩绘陶骑马击鼓俑

西安博物院藏

此骑马击鼓俑，右手高举，左手落下。鼓虽已佚失，但通过人物动态，亦可不见鼓而闻其声。

廿日

廻元观钟楼铭

星期四

农历丙申年
九月二十

今日世界统计日

唐·打手鼓胡人俑

陕西历史博物馆藏

《旧唐书·音乐志》中记载：「答腊鼓，制广于羯鼓而短，以指揩之就，其声甚震，俗谓之揩鼓。」此俑所持的很可能就是答腊鼓。

十九

灵飞经

星期三

农历丙申年
九月十九

廿三霜降　七日立冬

唐·鲁山窑花瓷腰鼓

故宫博物院藏

腰鼓由西域传入中原，成为唐乐中重要的打击乐器。此鼓广口纤腰，弦纹七道，黑釉之上以随意点染的蓝白色斑块为饰，经与鲁山窑址所出残片比对，佐以唐人南卓《羯鼓录》中有『不是青州石末，即是鲁山花瓷』之说，可确认正是鲁山窑花瓷腰鼓。

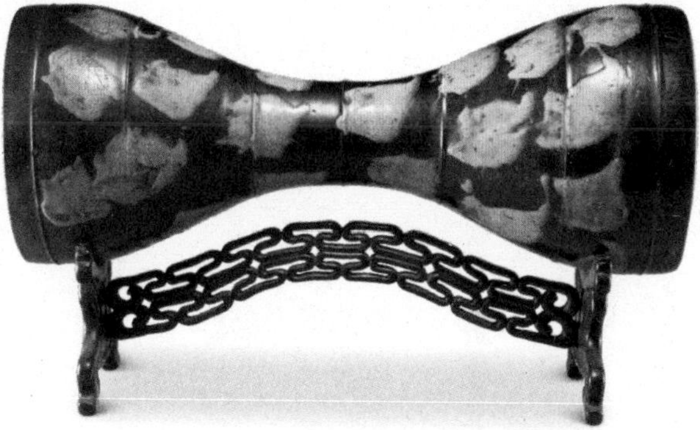

上阳台帖

星期二

农历丙申年
九月十八

今日三候菊有黄华

唐·彩绘陶骑马击腰鼓女俑

西安博物院藏

出土于金乡县主墓的此俑头戴孔雀冠，仪态万方，别出心裁。红色小鼓置于身前，扬手欲击。充分展现了开元年间的盛唐气象。

公历二〇一六年·十月 MONDAY OCT 17 2016

十七

何家村窖藏金银器墨书

星期一

农历丙申年
九月十七

今日国际消除贫困日

唐·飞天

敦煌莫高窟第321窟北壁

这幅画面中，飞天衣带飘飞，从天而降，流云花叶之间，各色乐器纷呈，表现了天乐“不鼓自鸣”的神奇场面。其中，羯鼓、鞞鼓、都昙鼓……历历可辨。

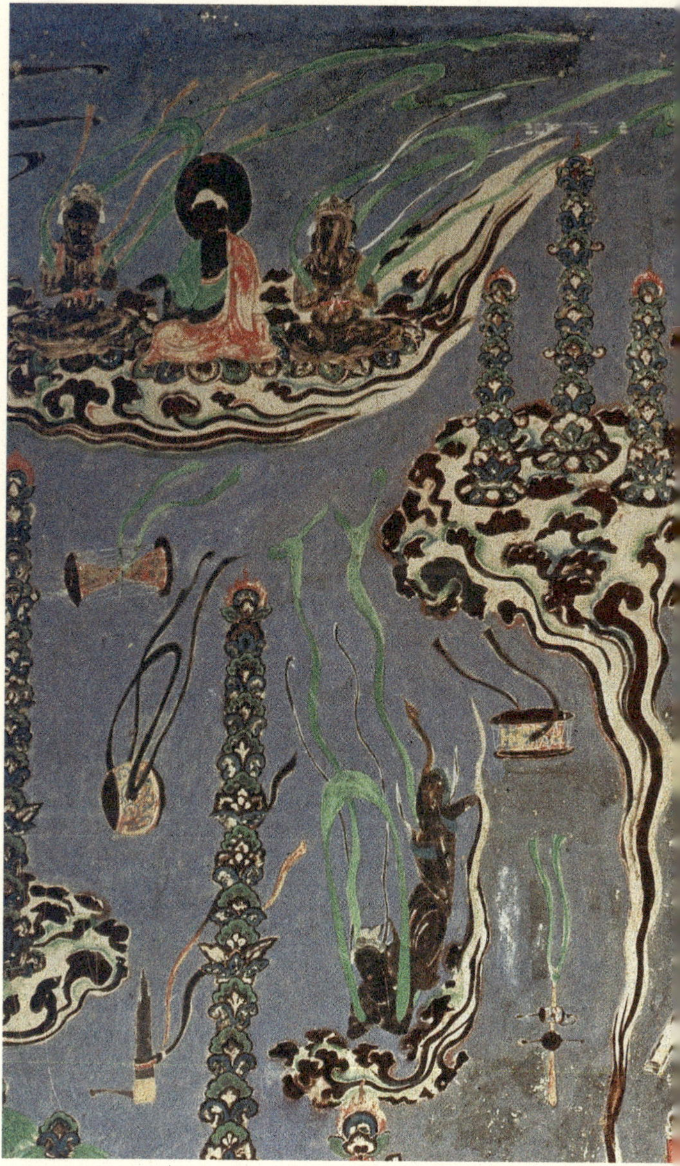

十六

倪宽赞

星期日

农历丙申年
九月十六

今日世界粮食日

唐·三彩骑驼奏乐俑

西安博物院藏

此俑胡须连鬓，侧坐于驼峰之间，腰间斜挂小鼓，随手击打，双腿一曲一垂，自在惬意。

公历二〇一六年·十月 SATURDAY OCT 15 2016

十五

玄堂帖

星期六

农历丙申年
九月十五

廿三霜降　七日立冬

唐·敬陵贞顺皇后石椁线刻仕女图

陕西历史博物馆藏

比章怀太子墓略晚的唐玄宗武惠妃敬陵，其石椁上以彩绘线刻表现的仕女，三三两两地伫立于庭院之中，或揽镜凝神，或拈花微笑。这一画面中，后面随侍的男装侍女怀抱一把五弦琵琶，可见这种来自西域的乐器非常流行。

公历二〇一六年·十月 FRIDAY OCT 14 2016

十四

史晨前后碑

星期五

农历丙申年
九月十四

廿三霜降　七日立冬

唐·执琵琶图壁画

陕西历史博物馆藏

有唐一代，琵琶在宫廷与民间均风行一时。此图表现了花木扶疏的庭院之中，两位侍女顾盼交谈。其中一位怀抱琵琶，或许是正要将其送往太子宫中，以供清娱。

十二

不空和尚碑

星期四

农历丙申年
九月十三

今日二候雀入大水为蛤

唐·彩绘陶骑马弹琵琶女俑

西安博物院藏

禁曲新翻下玉都，四弦振触五音殊。
不知天上弹多少，金凤衔花尾半无。
——唐　薛逢《听曹刚弹琵琶》

十二

道因法师碑

星期三

农历丙申年
九月十二

廿三霜降　七日立冬

公历二〇一六年·十月　WEDNESDAY OCT 12 2016

唐·伎乐纹八棱鎏金银杯

陕西历史博物馆藏

拨拨弦弦意不同，胡啼番语两玲珑。
谁能截得曹刚手，插向重莲衣袖中？
——唐 白居易《听曹刚琵琶兼示重莲》

十一

善见律

星期二
农历丙申年
九月十一

廿三霜降　七日立冬

唐·弹琵琶胡人俑

陕西历史博物馆藏

此俑为唐代突厥人俾失十囊墓所出，所弹奏的二弦琵琶，可能是已经失传的乐器——忽雷。忽雷又称胡琴，曾流行于南诏（今云南大理一带），后传入中原，盛行一时。

十日

颜勤礼碑

星期一
农历丙申年
九月初十

廿三霜降　七日立冬

唐·伎乐俑

中国国家博物馆藏

有唐一代，琵琶名手辈出。《乐府杂录》"琵琶"条云："贞元中……曹保保，其子善才，其孙曹纲，皆袭所艺。"这里所说的曹氏三代皆为琵琶名手，属来自西域的昭武九姓之一曹氏。

大弦嘈囋小弦清，喷雪含风意思生。
一听曹刚弹薄媚，人生不合出京城。

——唐　刘禹锡《曹刚》

九日

九成宫醴泉铭

星期日

农历丙申年
九月初九

今日重阳节　世界邮政日

隋·驮琵琶骆驼俑

美国波士顿美术馆藏

除了四弦琵琶，从西域传入中原的还有直颈五弦琵琶。《新唐书·礼乐志》载：『五弦，如琵琶而小，北国所出，旧以木拨弹，乐工裴神符初以手弹，太宗悦甚，后人习为指琵琶。』丝路驼铃，或许也曾与嘈嘈切切的琵琶声相伴。这件骆驼俑，所驮物品中有一大一小两把形制不同的琵琶类拨弦乐器，其中小的一把上有两弦，或为文献所载的乐器忽雷。

公历二〇一六年·十月 SUNDAY OCT 9 2016

八日

卫景武公李靖碑

公历二〇一六年・十月 SATURDAY OCT 8 2016

星期六

农历丙申年
九月初八

今日寒露　一候鸿雁来宾

隋・彩绘石雕抱琵琶女俑

山西博物院藏

唐岑参《凉州馆中与诸判官夜集》诗中有『凉州七里十万家，胡人半解弹琵琶』之句，充分说明了琵琶的风行。

虞弘墓出土的这件汉白玉雕造的女俑，左手握琵琶颈，右手持拨子，拨动琴弦，神情怡然。

七日

孟法师碑

星期五

农历丙申年
九月初七

明日寒露　九日重阳节

公历二〇一六年·十月　FRIDAY OCT 7 2016

北朝·围屏石榻浮雕(局部)

美国华盛顿赛克勒亚洲艺术博物馆藏

华盛顿赛克勒亚洲艺术博物馆收藏的是前页所述石榻的面板部分。虽然没有大幅画面，但在成排的连珠纹饰中，对伎乐舞蹈的刻画极富装饰性，这些伎乐所持最主要的乐器正是琵琶。

公历二〇一六年·十月 THURSDAY OCT 6 2016

六日

伊阙佛龛碑

星期四

农历丙申年
九月初六

八日寒露　九日重阳节

北朝·围屏石榻浮雕（局部）

美国波士顿美术馆藏

这件围屏石榻，纹饰精美，具有浓厚的异域色彩，早年出土后，被古董商分拆出售，后分藏于欧美多个博物馆中。波士顿所藏石榻背屏部分，以大画面描绘了墓主人生前的宴饮、出行场景。此幅画面中部，由四人组成的乐队坐于宴席一角，为主人助兴。所奏乐器中，曲颈的四弦琵琶、直颈的五弦琵琶，清晰可辨。

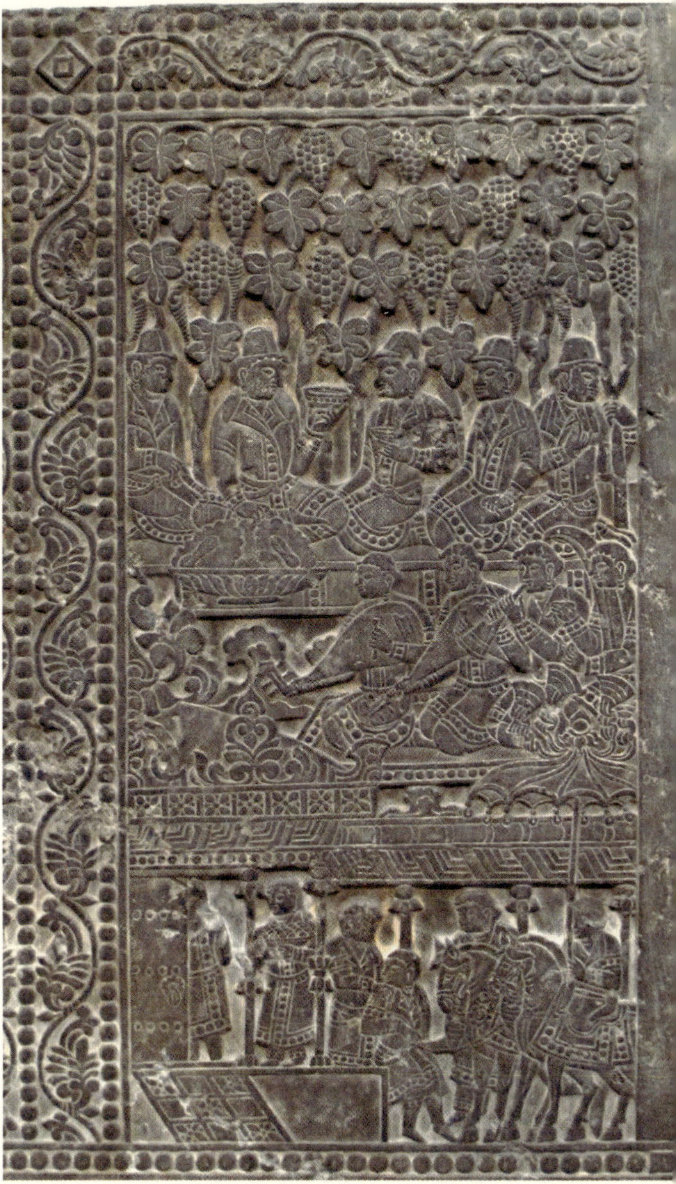

五日

九成宫醴泉铭

星期三

农历丙申年
九月初五

八日寒露　九日重阳节

北齐·徐显秀墓宴饮图壁画

山西太原北齐壁画博物馆藏

太原徐显秀墓壁画气势宏大，描绘了北齐上流社会宴饮、出行等生活场景。此图中以立姿怀抱琵琶的随侍，正在用拨子弹奏，客观反映了琵琶的形制及演奏方式。

四日

张翰帖

星期二

农历丙申年
九月初四

今日世界动物日

北周·史君石椁浮雕

西安博物院藏

史君石椁为歇山顶房屋式样（参见7月27日），外壁的左、右、后三面以分段连续的浮雕画面表现了墓主夫妇生前的生活以及升入天国后的情景。石椁正面则表现了门窗俱全的房屋立面。两侧直棂窗上部，分别为一组跪坐的乐伎。琵琶反复出现在奏乐的画面中。

三日

张好好诗卷

星期一

农历丙申年
九月初三

今日世界人居日

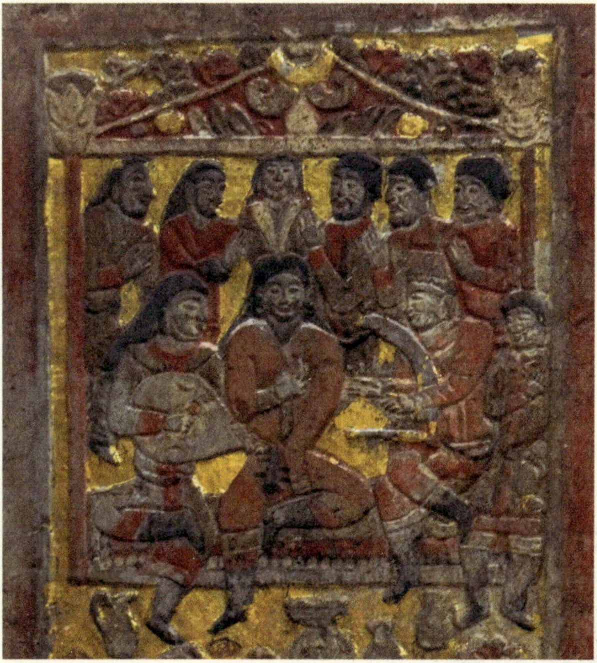

北周·安伽围屏石榻

陕西省考古研究院藏

南北朝时自西域传入的曲颈琵琶，四弦四柱，音箱呈半梨形，横置胸前，用拨子或手弹奏。安伽墓出土的贴金彩绘围屏石榻，十二个条屏上的画面生动地再现了墓主人生前宴饮、出猎等活动。宴席间使用了诸多乐器，其中便有此种曲颈琵琶。

二日

雁塔圣教序

星期日

农历丙申年
九月初二

今日三候水始涸
国际非暴力日

北朝·灰陶载物骆驼

陕西历史博物馆藏

丝绸之路除了带来东西方之间物产的交流，也使胡乐、胡舞传入中原并流行开来，为中原乐舞输入了新鲜的血液，形成了空前繁荣的局面。

此尊骆驼俑，不但驮有成束的丝绸，驮架上还挂着阮咸类的拨弦乐器。当年丝路商旅的艰辛，或许在这悠扬的乐声里，也能够有所纾解吧！

公历二〇一六年·十月

SUNDAY OCT 2 2016

一日

多宝塔碑

星期六

农历丙申年
九月初一

今日国庆节
国际老年人日

唐·高士图螺钿镜

中国国家博物馆藏

在中国传统乐器中，琵琶有着重要的地位，也经历了不断的演变。《释名·释乐器》中记载：『枇杷本出于胡中，马上所鼓也。推手前曰枇，引手却曰杷，像其鼓也，因以为名也。』

在早期琵琶所指的乐器形态与后世的琵琶大有不同，在某种意义上甚至可以理解为拨弦乐器的概称。例如魏晋之间流行的阮咸就曾被称为琵琶。阮咸箱体圆形，直颈四弦。1955年出土于洛阳西郊唐墓的这面螺钿镜，背面高士斜抱弹拨的正是阮咸。

公历二〇一六年·十月

SATURDAY OCT 1 2016

十月

万方和鸣

胡琴琵琶與羌笛 樂舞神州

第四十一周·琵琶声催

第四十二周·胡琴声碎

第四十三周·羯鼓声疾

第四十四周·悲器声徊

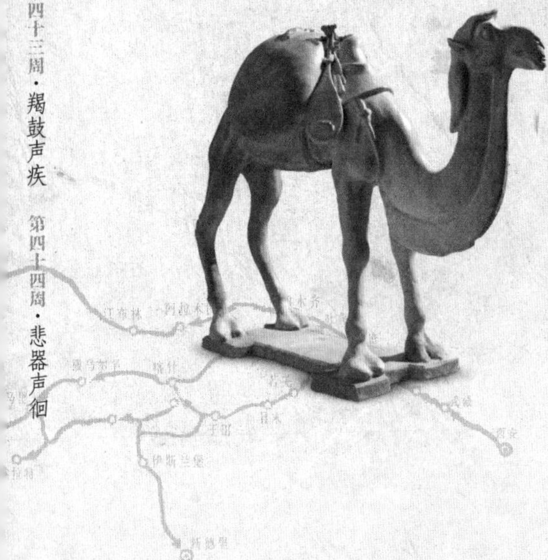

October

國寶

2016·丝绸之路

卷二

葡萄美酒夜光杯

絲路奇珍

葡萄美酒夜光杯 丝路奇珍

四月

中原名物

第十五周·汉锦天成

第十六周·唐锦华章

第十七周·瓷韵千年

第十八周·茶香漆艺

April

西汉·鎏金铜蚕

陕西历史博物馆藏

关于中国人养蚕缫丝的历史，尽管史书中多以近乎神话的嫘祖传说为渊源，但考古发掘的出土文物足以证明，大约在五六千年前的新石器时代，人们便已开始养蚕缫丝。在重新统一中原并保持长期安定的汉代，丝绸纺织更是得到了空前发展。出土于陕南石泉的这枚与真蚕几无二致的鎏金铜蚕，不但反映了当时人们对蚕的形象早已熟稔，也说明了蚕在人们心目中的重要地位。

一日

多宝塔碑

星期五

农历丙申年
二月廿四

四日清明　九日上巳节

东汉·纺织图画像石

国家博物馆藏

东汉画像石的存在，使今人得以回望两千年前的社会生活面貌。出土于徐州的此块画像石上，在乐舞杂戏环绕的热闹庭院里，几位织女在机房中紧张劳作，恰如《孔雀东南飞》中所描述的，“鸡鸣入机织，夜夜不得息”。画像石虽然表现概括，装饰性强，但也准确表现了络车调丝、纬车摇纬、织机织绢帛的丝绸织造过程。

二日

雁塔圣教序

星期六

农历丙申年
二月廿五

四日清明　九日上巳节

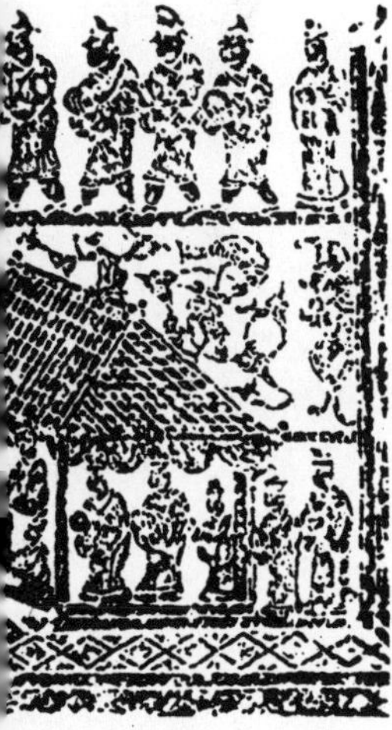

北周·载物骆驼俑

美国旧金山亚洲艺术博物馆藏

作为一条连通欧亚的漫长商道，丝绸之路正是以丝绸为最主要的贸易商品。此驼重心前倾，昂首挺立，装满货物的驮囊之外搭着的一束丝绸，正是『丝绸之路』最具代表性的象征符号。

公历二〇一六年·四月 SUNDAY APR 3 2016

三日

张好好诗卷

星期日

农历丙申年
二月廿六

今日寒食 | 明日清明

公历二〇一六年·四月 MONDAY APR 4 2016

四日

张翰帖

星期一

农历丙申年
二月廿七

今日清明　一候桐始华

西汉·人物图绢地刺绣

甘肃省博物馆藏

甘肃武威磨嘴子汉墓出土的此件刺绣，所表现的很可能是汉代军屯场景，因此又称《屯戍人物图》。略有褪色的红色绢底上，以各色丝线绣出戈、戟、盾等兵器；在营帐中，头戴尖顶帻巾者（或为兵士属下）在聆听身着宽袍者（或为长官）的吩咐。针法粗放却不失灵动。

东汉·刺绣手套

新疆维吾尔自治区博物馆藏

此对手套以三段不同的锦绣织物拼合成方正的主体，又以另两种锦缝缀出拇指部分，虽出于西域边疆，但其造型和结构却与远处三湘之地的马王堆汉墓所出的几对手套几无二致。

五日

九成宫醴泉铭

星期二

农历丙申年
二月廿八

九日上巳节　十九谷雨

东汉·『延年益寿大益子孙』锦鸡鸣枕

新疆文物考古研究所藏

鸡鸣枕以尖尖翘起的两头模拟雄鸡首尾，造型巧妙，实用而美观，自汉代便开始流行于中原地区。今天新疆各地时有出土的历代鸡鸣枕，充分体现了中原与西域自古以来的密切往来。出土于新疆民丰县尼雅遗址的此枕，以织有『延年益寿　大益子孙』文字的汉锦缝制而成，更具吉祥寓意。

尼雅遗址，当为史书中所载西域三十六国之一精绝国的所在。

公历二〇一六年·四月 WEDNESDAY APR 6 2016

六日

伊阙佛龛碑

星期三

农历丙申年
二月廿九

九日上巳节　十九谷雨

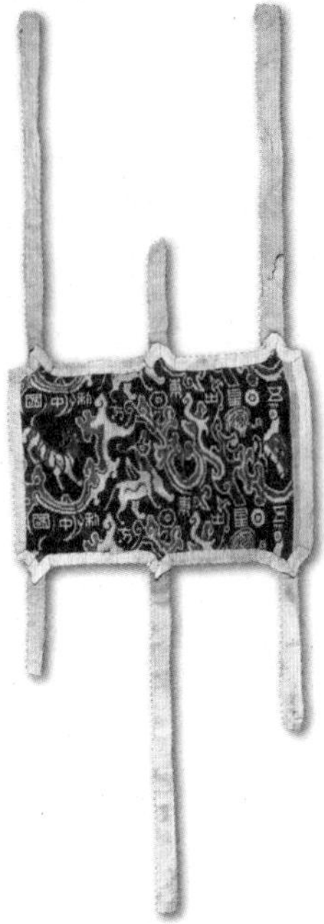

汉晋·『五星出东方』锦护膊

新疆文物考古研究所藏

此护膊于1995年出土于尼雅遗址精绝国的一座夫妻合葬墓。锦上遍布云气纹，神鸟异兽穿插其间，『五星出东方利中国』之句清晰可辨。长方形的护膊在两条长边上各缀系带三条，出土时绑于死者臂上。

古人常用星象对战争等军政大事进行预测。《史记·天官书》中有『五星分天之中，积于东方，中国利』之说。《汉书·赵充国传》中载，宣帝神爵元年赵充国对羌地用兵，汉宣帝赐书曰『今五星出东方，中国大利，蛮夷大败』，以鼓舞士气。经考证，此锦为蜀地所造，应与这一战事相关。

锦上所织文字，在今人看来亦颇有祥瑞之意，故备受珍视，已被列为首批禁止出境文物。

七日

孟法师碑

星期四

农历丙申年
三月初一

今日世界卫生日

公历二〇一六年·四月 THURSDAY APR 7 2016

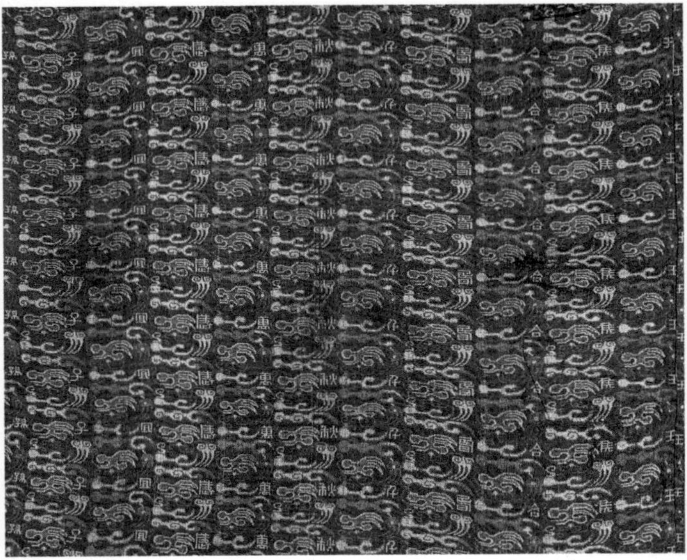

汉晋·『王侯合昏千秋万岁宜子孙』锦衾

新疆文物考古研究所藏

此衾以织有『王侯合昏（婚）千秋万岁宜子孙』吉语的织锦缝合而成，织造精美，保存如新。据考证，这种织锦是中原地区官营丝织作坊专为地方王侯婚礼所造。由此推测，出土此衾的墓葬很可能是某代精绝国王之墓。

八日

卫景武公李靖碑

星期五

农历丙申年
三月初二

明日上巳节　十九谷雨

汉晋·『长乐大明光』锦女裤

新疆文物考古研究所藏

出土于尼雅遗址的这条女裤，以织有『长乐大明光』吉语的汉锦缝就，保存完整，殊为难得。与其一同出土的各类锦绣服饰共同佐证了汉锦织造的高超技艺和当时西域与中原的密切往来。

九日

九成宫醴泉铭

星期六

农历丙申年
三月初三

今日上巳节　二候田鼠化鴽

公历二〇一六年·四月 SUNDAY APR 10 2016

唐·三彩骆驼俑

故宫博物院藏

这件三彩骆驼俑，驼峰之间并无任何货物，但却铺着纹饰精美的彩毯，所表现的很可能是用于表演而非丝路商旅载物的骆驼。

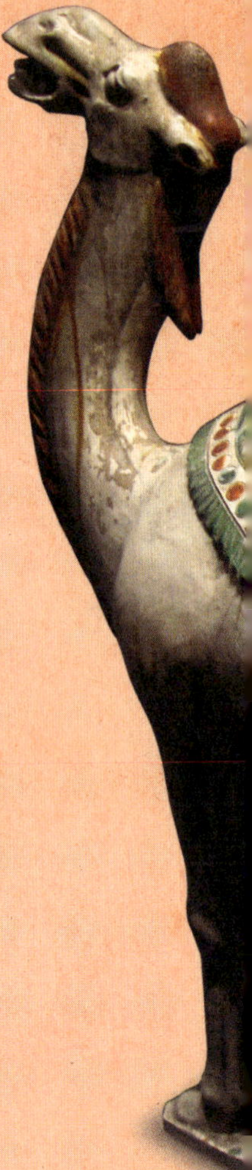

十日

颜勤礼碑

星期日

农历丙申年
三月初四

十九谷雨　一日劳动节

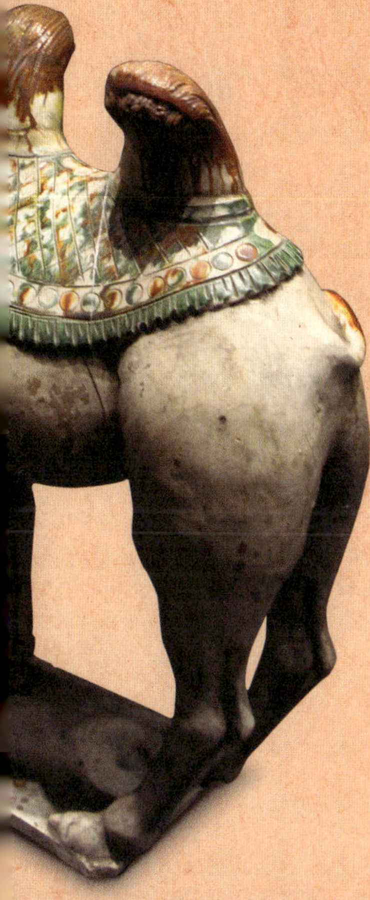

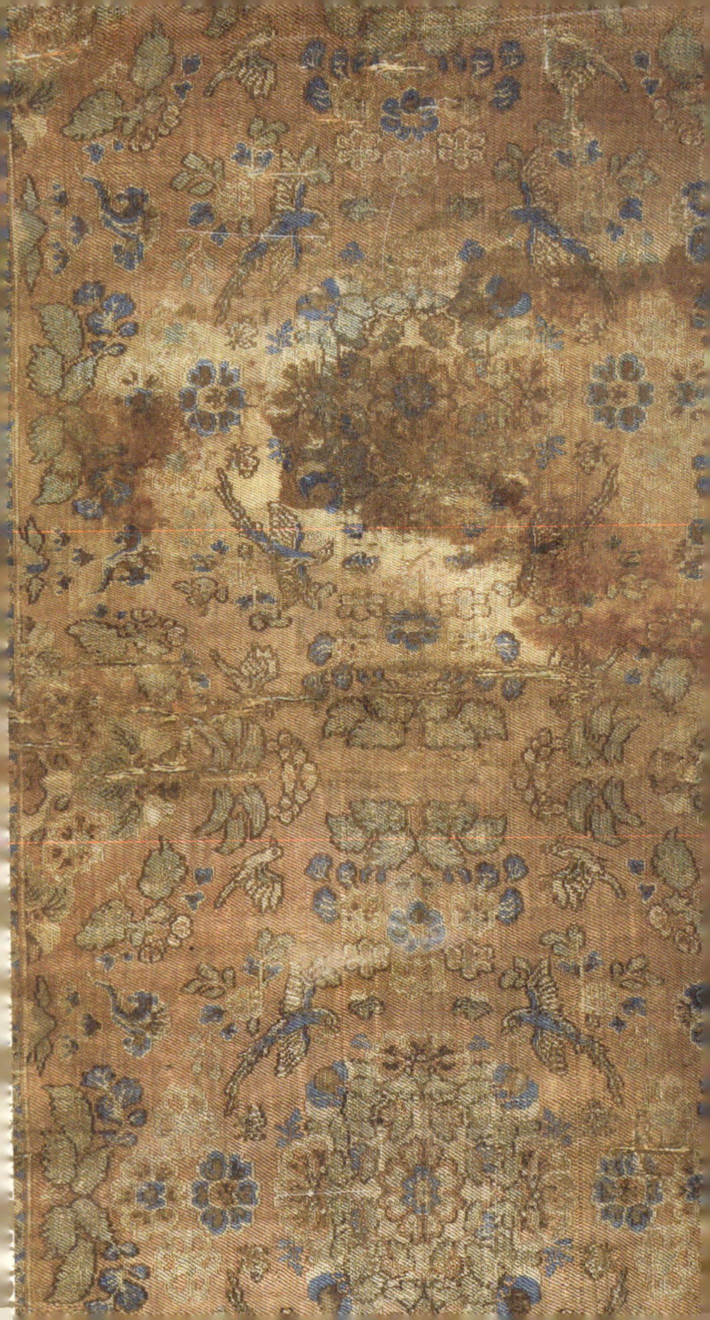

十一

善见律

星期一

农历丙申年
三月初五

十九谷雨　一日劳动节

唐·花鸟纹锦

新疆维吾尔自治区博物馆藏

出土于吐鲁番阿斯塔那墓群的此锦以五色丝线织就，中心是以绶带鸟环绕的艳丽团花，外围错落分布着花朵、流云和鹦鹉，繁而不乱，尽显富贵繁华的大唐气象。

唐·缠枝花卉纹绣鞍鞯

青海省文物考古研究所藏

20世纪80年代，在青海都兰盛唐时期吐蕃邦国吐谷浑贵族墓葬出土的一批唐代织物，是丝路考古的重大发现。其中不同图案的锦绣绫罗达130多种。其中既有受外来文化影响显著的织品，也有原汁原味的中原织物。这件在黄色绢上以各色丝线刺绣而成的唐草宝相花鞍鞯，即是其中较为典型的中原绣品。

十二

道因法师碑

星期二

农历丙申年
三月初六

今日国际载人航天日

唐·三彩釉陶女立俑

陕西历史博物馆藏

唐代丝绸的绚丽，除了能从诸多幸存至今的珍贵原物上看到，也能通过陶俑的衣着得以生动再现。此俑所着襦裙，上半身黄蓝相间，斑斓错杂，下半身长裙曳地，团花锦簇。可以想见，若为真实的衣裙，该是何等夺目。

十二

不空和尚碑

星期三

农历丙申年
三月初七

十九谷雨　一日劳动节

唐·持杯女子绢画

新疆维吾尔自治区博物馆藏

阿斯塔那所出唐代绢画，是比传移摹写的传世卷轴更加原汁原味的唐代绘画。此图中，三位侍女分着赭、蓝两色圆领长袍，袍上暗纹点点，与现实中幸存至今的唐代菱花形或海棠形暗纹织物几可一一对应。

十四

史晨前后碑

星期四

农历丙申年
三月初八

今日三候虹始见

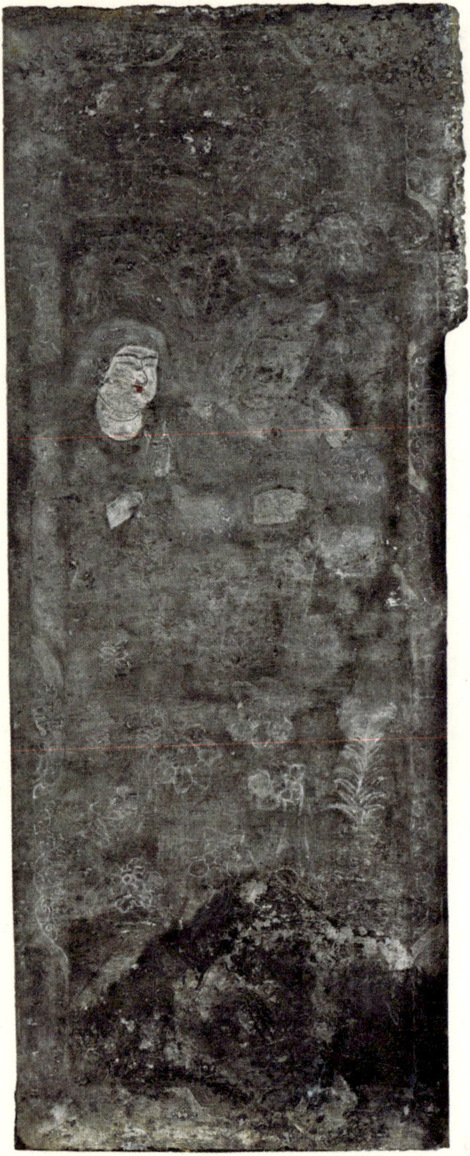

十五

玄堂帖

星期五

农历丙申年
三月初九

十九谷雨　一日劳动节

唐·敬陵贞顺皇后石椁线刻仕女图

陕西历史博物馆藏

2010年春，被犯罪分子盗掘并倒卖海外的珍贵文物贞顺皇后石椁，经过六年颠沛流离终于重归故里，入藏陕西历史博物馆。这座规模与工艺无出其右的盛唐石椁，出土于玄宗李隆基为其宠爱的武惠妃所筑敬陵。遍布石椁内外的彩绘线刻，以细密的线条刻画了盛唐仕女遍洒团花的轻薄衣物，体现了盛唐开元年间的宫廷审美，也再现了盛唐织物的华丽精美。

唐·都督夫人太原王氏供养像

敦煌莫高窟第139窟（段文杰复原）

佛教信徒在敦煌莫高窟的修造累世经年，往往有镘损前代壁画覆盖重新绘制的做法。此图原图敦煌莫高窟第130窟，在宋代即被覆盖，40年代重新剥出，但多有残损，故此复原临摹本堪为原作替代品。画中人物衣着华丽，衣裙披帛花色繁多，原图堪称唐代绮罗人物题材绘画中的佳品巨制。

十六

倪宽赞

星期六

农历丙申年
三月初十

十九谷雨　一日劳动节

唐・三彩釉陶胡人牵驼俑

甘肃省博物馆藏

除了单独的骆驼俑，牵驼俑也是唐代陶俑中表现丝路行旅的常见形式。这组陶俑人与驼均施褐釉，且肢体粗壮，风格非常一致。

十七

何家村窖藏金银器墨书

星期日

农历丙申年
三月十一

十九谷雨　一日劳动节

唐·秘色瓷瓶

陕西法门寺博物馆藏

中国不但是丝绸之国，更是陶瓷之国。有唐一代，越窑与邢窑为南北瓷窑之翘楚。而秘色瓷则为越窑中的上品。晚唐诗人陆龟蒙《秘色越器》诗云：『九秋风露越窑开，夺得千峰翠色来。好向中宵盛沆瀣，共嵇中散斗遗杯』，让人对神龙见首不见尾的秘色瓷众说纷纭，也产生了无尽的想象。直到法门寺地宫文物重见天日，物账碑上的记载与出土器物两相对应，才使得这种创烧于晚唐、兴盛于五代的越窑上品展露出真实的面容。

十六

上阳台帖

星期一

农历丙申年
三月十二

今日国际古迹遗址日

唐·长沙窑青釉褐绿点彩纹执壶

湖南省博物馆藏

与釉料配方秘而不宣、成品仅供皇家御用的秘色瓷相比，大众日用的长沙窑显然会让庶民更多几分亲近感。大量出土的长沙窑瓷器多以模印花鸟、人物贴饰，或以工匠随性手书的诗歌词句为饰，此件执壶则以褐绿两色点彩连成的弧线为装饰，显然深受外来因素的影响。

十九

灵飞经

星期二

农历丙申年
三月十三

今日谷雨　一候萍始生

廿日

廻元观钟楼铭

星期三

农历丙申年
三月十四

一日劳动节　五日立夏

唐·白瓷执壶
西安博物院藏

昨晚饮太多，嵬峨连宵醉。
今朝餐又饱，烂熳移时睡。
睡足摩挲眼，眼前无一事。
信脚绕池行，偶然得幽致。
婆娑绿阴树，斑驳青苔地。
此处置绳床，傍边洗茶器。
白瓷瓯甚洁，红炉炭方炽。
沫下麴尘香，花浮鱼眼沸。
盛来有佳色，咽罢余芳气。
不见杨慕巢，谁人知此味？

——唐 白居易
《睡后茶兴忆杨同州》

唐·三彩釉陶四系罐

西安博物院藏

一般认为，三彩釉陶器皿多作明器而非日常实用。正因如此，作为明器深埋地下的三彩器皿反而使唐代日用陶瓷器皿的造型得以保留，并以其多变的釉色，形成了独特的艺术风格。

廿一

李思训碑

星期四
农历丙申年
三月十五

一日劳动节　五日立夏

唐·三彩碗

陕西历史博物馆藏

此碗造型敦厚，平淡无奇，随意点染的釉色却产生了出乎意料的艺术效果，与后世精心勾勒的陶瓷截然不同。

廿二

化度寺碑

星期五

农历丙申年
三月十六

今日国际地球日

唐·三彩釉陶双鱼壶

陕西省考古研究院藏

此壶壶体以对称的双鱼为基本造型，壶嘴似从鱼嘴喷出的泉水中涌出的莲台，可谓匠心独运。

公历二〇一六年·四月 SATURDAY APR 23 2016

廿三

同州圣教序

星期六

农历丙申年
三月十七

今日世界图书和版权日

公历二〇一六年・四月 SUNDAY APR 24 2016

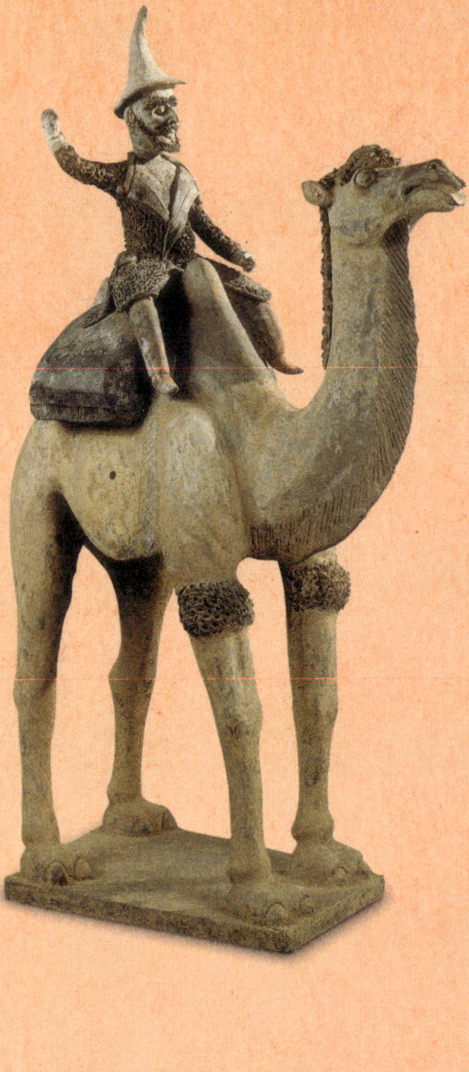

廿四

三坟记

星期日

农历丙申年
三月十八

今日二候鸣鸠拂羽

唐·陶胡人骑驼俑

中国国家博物馆藏

此俑1954年出土于山西长治王琛墓，塑造了一位头戴尖帽的胡商骑坐于两个驼峰之间，其所着的翻领皮毛褊衣，质感刻画逼真，令人称赏。

唐·鎏金飞鸿毬路纹银笼子

陕西法门寺博物馆藏

茶是起源于中国、至今仍风靡世界的饮品。唐人陆羽所著《茶经》是最早的茶学专著。唐人饮茶，须先将加工好的茶饼烘烤。法门寺地宫出土的唐僖宗御用茶具，便体现了唐人饮茶方式与今日的不同。此笼即为烘烤茶饼所用之器，通体镂空，錾刻鸿雁并鎏金，尽显皇家风范。

廿五

神策军碑

星期一
农历丙申年
三月十九

今日世界防治疟疾日

公历二〇一六年·四月 MONDAY APR 25 2016

唐·鎏金银茶碾

陕西法门寺博物馆藏

唐人烹茶，须将烘烤后的茶饼碎块进一步碾成粉末。再行烹煮并添加佐料。这件錾有天马流云和飞鸿纹饰的茶碾即用于此。茶碾的碾轴以及其他几件器物上錾刻的『五哥』二字，是懿宗对僖宗李儇幼年时的昵称。这表明，这批茶具是唐僖宗供奉佛祖的御用之物。

廿六

颜氏家庙碑

星期二

农历丙申年
三月二十

今日世界知识产权日

唐·石茶碾

西安博物院

位于唐长安城的西明寺是始建于高宗朝而毁于晚唐的皇家寺院。日本、新罗等国僧侣屡屡前来研习佛法。1985年中国社会科学院考古研究所进行的考古发掘工作，重新发现了这座曾经殿宇恢弘的寺院。镌刻有『西明寺』字样的石茶碾当为寺中的日常实用器。

廿七

麻姑仙坛记

星期三

农历丙申年
三月廿一

一日劳动节　五日立夏

唐·鎏金人物画银香宝子

陕西法门寺博物馆藏

香宝子为陆羽《茶经》中所载用于贮存盐花的茶具。出土于法门寺塔地宫的鎏金银香宝子共有两件，均于器身划分出四个壸门，分别錾刻对弈、抚琴、问津等不同画面，做工精致，纹饰华美。

廿八

玄秘塔碑

星期四

农历丙申年
三月廿二

今日世界安全生产与健康日

西汉·双层九子漆奁

湖南省博物馆藏

除了丝绸、陶瓷、茶叶，漆器也是魅力无穷、广受欢迎的中华物产。早在新石器时代，中国人便已发现了漆树汁液的妙用，并以之制器髹饰。战国秦汉时期，漆器迎来了早期的发展高峰。马王堆出土漆器，便是这一时期的典型代表。

廿九

王居士砖塔铭

星期五

农历丙申年
三月廿三

今日三候戴胜降于桑
国际舞蹈日

西汉·神兽纹碗形漆盒

安徽巢湖市汉墓博物馆藏

此盒出土于北山头墓葬，墓主为汉初居巢县地方长官。盒为中原制品，但纹饰却颇具草原文化特色，佐证了丝路开通之前中原与北方草原民族之间业已存在的文化交流。

卅日

家侄帖

星期六

农历丙申年
三月廿四

明日劳动节　五日立夏

罗马
安塔基亚
巴格达
开罗

葡萄美酒夜光杯　丝路奇珍

五月

异域珍宝

第十九周·草木禽兽

第二十周·宝石生辉

第二十一周·玻璃凝光

第二十二周·金铜璀璨

第二十三周·宝货奇珍

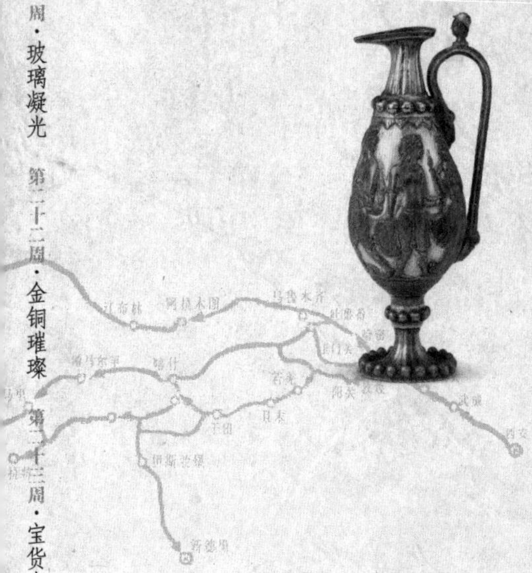

May

唐·三彩釉陶单峰驼

陕西咸阳博物馆藏

单峰驼原产自西亚北非，中原罕有，因此单峰驼陶俑也较双峰驼俑更为少见。此俑高近三尺，保存完整，尤为难得。

一日

多宝塔碑

星期日

农历丙申年
三月廿五

今日国际劳动节

西汉·鎏金铜马

陕西茂陵博物馆藏

汉武帝为联合西域诸国夹击匈奴，命张骞出使西域，却促成了丝路的开通。这在某种意义上或许也可视为『化干戈为玉帛』。当然，国力的强盛是繁荣的保障，而西域良马的引进，对于汉王朝而言更是一个退敌制胜的关键。或许正因如此，威武雄健的陶马和铜马俑便顺理成章地成为了汉代帝王与权臣墓葬之中不可或缺的陪葬品。1981年出土于汉武帝茂陵附近的这件鎏金铜马，体形修长劲健。据信，此铜马正是以来自西域的汗血宝马为原型铸造的。

二日

雁塔圣教序

星期一

农历丙申年
三月廿六

四日青年节　五日立夏

北魏·人物葡萄纹鎏金铜高足杯

山西博物院藏

北魏迁都洛阳之前，都城平城（今山西大同）已成为西域诸国遣使来朝的丝路名都。出土于此的高足杯等萨珊风格浓厚的器物足为佐证。而葡萄作为经丝路传入中原的物产，也成为极具异域风情的形象化符号，出现在此杯外壁的装饰图案中。

三日

张好好诗卷

星期二
农历丙申年
三月廿七

今日世界新闻自由日

公历二〇一六年·五月 TUESDAY MAY 3 2016

唐·海兽葡萄镜

陕西历史博物馆藏

海兽葡萄纹是唐代铜镜中最具代表性的常见纹饰之一，也是中原装饰深受域外元素影响的典型。

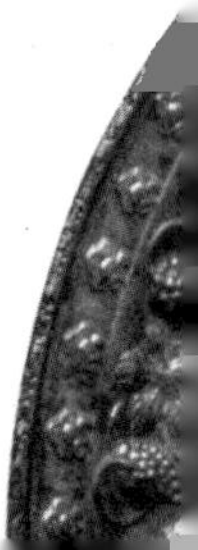

公历二〇一六年·五月 WEDNESDAY MAY 4 2016

四日

张翰帖

星期三

农历丙申年
三月廿八

今日青年节　明日立夏

北朝·东罗马酒神纹鎏金银盘

甘肃省博物馆藏

源自西方的狮子，因其雄壮威武成为中原地区喜爱的装饰形象，并经过不断演变，产生了程式化的本土造型。而此盘在繁密的葡萄卷草纹环绕之下，中心的古希腊神话人物所倚靠的雄狮，则更接近其真实面貌。出土于甘肃靖远的此盘是东西方文化交流的重要物证。

五日

九成宫醴泉铭

公历二〇一六年·五月 THURSDAY MAY 5 2016

星期四

农历丙申年
三月廿九

今日立夏　一候蝼蝈鸣

南北朝·七鸵纹银盘

新疆巴音郭楞蒙古自治州博物馆藏

鸵鸟，自汉代输入中原，因罕见而备受珍视。在唐代被雕造为石像生，用来守卫帝王陵寝。这件来自西方的银盘，錾刻七只鸵鸟作为纹饰。当年这件银盘或许也会因纹饰中的奇鸟而引来无数惊羡的目光吧！

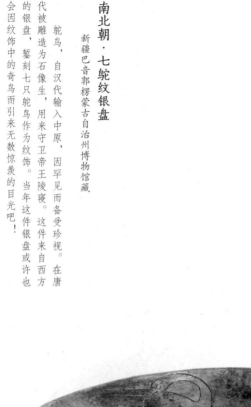

六日

伊阙佛龛碑

星期五

农历丙申年
三月三十

十四佛诞日　廿日小满

唐·双童绢画

新疆维吾尔自治区博物馆藏

东罗马帝国在中国古代被称为“大秦”或“拂菻”，故产自该国的哈巴狗称为“拂菻犬”。《旧唐书·高昌传》记载了唐初尚未并入唐朝的高昌国向中原进献来自东罗马帝国的拂菻狗一事。阿斯塔那出土的这幅绢画所描绘的，正是怀抱拂菻犬玩耍的孩童。

七日

孟法师碑

星期六

农历丙申年
四月初一

十四佛诞日　廿日小满

唐·载物卧驼俑

辽宁省博物馆藏

满载货物的骆驼俑，当属唐代墓葬中最为多见的明器之一。这也充分说明，对唐人而言，经由丝路为中原地区带来异域奇珍的骆驼，是多么深刻的时代记忆！

公历二〇一六年·五月 SUNDAY MAY 8 2016

八日

卫景武公李靖碑

星期日

农历丙申年
四月初二

今日母亲节
世界微笑日

九日

九成宫醴泉铭

星期一

农历丙申年
四月初三

十四佛诞日　廿日小满

汉～北朝・玛瑙印

新疆维吾尔自治区博物馆藏

此印以白色半透明玛瑙刻制。印上人物线条寥寥，却特征鲜明，鼻梁高挺，作负担前行状。

北周·嵌宝石金戒指

宁夏固原博物馆藏

位于丝路重镇原州（今宁夏固原）的北周李贤夫妇合葬墓，是丝路考古的重要发现之一，出土的陪葬品丰富多样，异域色彩浓厚。这枚戒指所嵌的青金石戒面上，刻有异域女神形象，应为萨珊王朝制品。

十日

颜勤礼碑

星期二

农历丙申年
四月初四

今日二候蚯蚓出

隋·嵌珍珠宝石金项链

中国国家博物馆藏　张利伟供图

1957年发掘的西安隋代李静训墓，虽然墓主人为幼年夭折，却因其家世显赫而规格极高。墓葬中不但有精美的大型石棺椁，丰富的随葬品中也有诸多颇具异域色彩的物品。这串项链便是其中的代表。项链由28个金质球形链珠串成，每个链珠又以若干金环焊接，各嵌珍珠十颗。项链顶端连接处的圆钮上镶嵌凹刻雄鹿的青金石，与通常的萨珊凹雕印押如出一辙。项链底部正中为嵌有珍珠环绕的鸡血石和青金石坠饰，实为华美无双的异域珍宝。

十一

善见律

星期三

农历丙申年
四月初五

十四佛诞日　廿日小满

唐·宝石印章

宁夏固原博物馆藏

此印采用在石材平面上进行凹雕的形式。图案是一头卧狮，身后的植物分出三个枝杈，顶端似为花蕾或果实。墓主人为粟特人，昭武九姓之一的史国后裔史诃耽。据文献记载，其生前入朝为官，曾担任中书省『译语人』即翻译等职。此印应为其家族在对外贸易中得自西方之物。

十二

道因法师碑

星期四

农历丙申年
四月初六

今日国际护士节

唐·鎏金托水晶坠饰

宁夏固原博物馆藏

此物出土于经河西走廊迁居原州的粟特史国后裔史索岩之墓，蓝色水晶光润剔透，当为墓主生前珍爱之物。

十二

不空和尚碑

星期五

农历丙申年
四月初七

明日佛诞日　廿日小满

公历二〇一六年·五月　FRIDAY MAY 13 2016

唐·玛瑙兽首杯

陕西历史博物馆藏

在目前发现的唐代窖藏中，何家村窖藏最能体现唐代中外文化交流。其中既有种类繁多的各国货币，也有诸多异域色彩极其浓厚的金玉器物。这件玛瑙兽首杯，不但材质直接来自中亚、西亚一带，器形更是源自西方的酒具来通，其造型优美，巧夺天工，可谓何家村窖藏中最典型的代表。

十四

史晨前后碑

公历二〇一六年・五月 SATURDAY MAY 14 2016

星期六

农历丙申年
四月初八

今日佛诞日
世界公平贸易日

公历二〇一六年·五月 SUNDAY MAY 15 2016

唐·三彩釉陶载物骆驼

西安博物院藏

此驼屈肢跪地，昂首向天，刻画逼真。双缝间的驮囊两侧除了花口盘、凤首壶等常见器物外，更有象牙四支，充分体现了奇珍异宝通过丝绸之路源源不断输入中原地区的情形。

十五

玄堂帖

星期日

农历丙申年
四月初九

今日三候王瓜生
国际家庭日

北魏·玻璃碗

山西大同市博物馆藏

早在周代，中国人便已逐渐摸索出铅钡玻璃的制造技艺。但漆器和陶瓷的发展使得玻璃在中原地区未能成为器皿制造的主角。当东方精美的陶瓷在异域引起惊叹，来自西方的玻璃制品也同样成为东方人眼中的珍宝。南北朝以来诸多高等级墓葬和佛塔地宫中所出的玻璃制品，充分体现了中原对此类器物的无比珍视。

这件淡绿色的玻璃碗球腹圜底，外壁以四排错落的椭圆为饰，六个微微内凹的圆形切面构成别致的碗底，造型别致，应为来自波斯萨珊王朝之物。

十六

倪宽赞

星期一
农历丙申年
四月初十

廿日小满　五日芒种

北周·玻璃碗

宁夏固原博物馆藏

此碗出土于原州李贤夫妇合葬墓（参见5月10日），遍体饰以萨珊玻璃器常见的扁圆凸起，玲珑剔透，光影斑斓。

十七

何家村窖藏金银器墨书

星期二

农历丙申年
四月十一

今日世界电信和信息社会日

隋·绿玻璃瓶

陕西历史博物馆藏

此瓶通体莹绿，球形小口，以四个与瓶底大小相当的扁圆柱体和四个倒三角形的突起作为瓶身装饰，造型奇特，出土于隋大兴城（今陕西西安）清禅寺旧址的一座舍利墓中，或为供佛之珍。

上阳台帖

星期三

农历丙申年
四月十二

今日国际博物馆日

唐·玻璃高足杯

新疆维吾尔自治区博物馆藏

有色同寒冰，无物隔纤尘。
象筵看不见，堪将对玉人。

——唐　韦应物《咏琉璃》

十九

灵飞经

星期四

农历丙申年
四月十三

明日小满　五日芒种

唐·盘口琉璃瓶

陕西法门寺博物馆藏

此瓶以吹塑技法制作，瓶身采用萨珊王朝玻璃制品常用装饰手法，以熔化的玻璃堆塑为饰，随意而成，晶莹剔透，是法门寺地宫所出年代最早的玻璃制品。

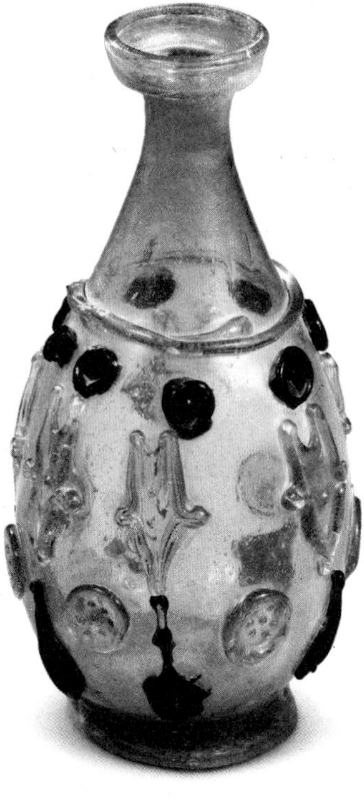

廿日

廻元观钟楼铭

星期五

农历丙申年
四月十四

今日小满　一候苦菜秀

唐·八瓣团花描金蓝琉璃盘

陕西法门寺博物馆藏

出土于法门寺地宫的此盘通体深蓝，盘内密刻花纹，为伊斯兰早期制品，作为当时中原罕见的异域珍物供奉于地宫。

廿一

李思训碑

星期六

农历丙申年
四月十五

五日芒种　九日端午节

唐·铜骆驼壶

宁夏西吉县博物馆藏

此壶为卧驼造型，驼口为壶流，驼峰为壶盖，设计巧妙，独居匠心。

廿二

化度寺碑

星期日

农历丙申年
四月十六

今日国际生物多样性日

北朝·嵌红玛瑙虎柄金杯

新疆伊犁哈萨克自治州博物馆藏

出土于波马古墓的金器，以其浓厚的异域色彩而称著。此杯虽因挤压而变形，但从遍身镶嵌的玛瑙，老虎造型的杯柄，仍可想见损坏前的华丽精致。

公历二〇一六年·五月 MONDAY MAY 23 2016

廿三

同州圣教序

星期一

农历丙申年
四月十七

五日芒种　九日端午节

三坟记

星期二

农历丙申年
四月十八

五日芒种　九日端午节

北朝·嵌红宝石带盖金罐

新疆伊犁哈萨克自治州博物馆藏

与前页金杯同出于波马古墓的这件金罐，亦以镶嵌作为最主要的装饰手法。红色的宝石与金色的罐体互相映衬，华美而不失简洁。

北魏·八曲银杯

山西大同博物馆藏

此杯口、足均作八瓣花形，杯内底部为波涛环绕的摩羯纹，应来自中亚古国大夏。大夏金银器对唐代金银器的造型发展产生了直接影响。

廿五

神策军碑

星期三

农历丙申年
四月十九

今日二候靡草死

北周·鎏金银胡瓶

宁夏固原博物馆藏

此瓶出土于固原李贤夫妇合葬墓。其形制沿用萨珊王朝金银器风格，但瓶体装饰的人物故事则被认为来自古希腊神话，故堪称最具代表性的丝路文物名品。

廿六

颜氏家庙碑

星期四

农历丙申年
四月二十

五日芒种　九日端午节

唐·罐形带柄银杯

陕西历史博物馆藏

出土于何家村窖藏的此杯素面无纹饰，在诸多纹饰繁复华丽的金银器之中并不抢眼。但其造型简洁，明显地属于典型的中亚粟特器物，也佐证了跨越大漠荒原连通中西的丝路在东西文化交流中所发挥的重要作用。

廿七

麻姑仙坛记

星期五

农历丙申年
四月廿一

五日芒种　九日端午节

公历二〇一六年·五月 FRIDAY MAY 27 2016

公历二〇一六年·五月 SATURDAY MAY 28 2016

廿六

玄秘塔碑

星期六

农历丙申年
四月廿二

五日芒种　九日端午节

唐·人面纹青铜壶

陕西临潼博物馆藏

与关中西部扶风县的法门寺塔地宫珍宝遥遥相对的，是东部临潼庆山寺塔地宫中发现的一批珍贵文物。除最为知名的金棺银椁之外，此件铜壶上颇具天竺色彩的人面装饰，尤为引人注目。此壶虽有多处修补痕迹，却仍供奉于佛塔地宫，可见在当时是极受珍视的。

汉·汉佉二体钱

新疆和田地区博物馆藏

此币为古于阗国吸收了东西方货币特点而铸造的，一面为佉卢文环绕的骆驼，一面为汉字篆书『六铢钱』。

廿九

王居士砖塔铭

星期日

农历丙申年
四月廿三

五日芒种　九日端午节

汉·安息铅币

甘肃灵台县博物馆藏

安息帝国是曾经存在于伊朗高原的西亚古国。该国所铸铅币，一面为凸起涡形纹，另一面为凹陷的铭文，独具特色。

家侄帖

星期一

农历丙申年
四月廿四

今日三候麦秋至

东罗马金币

青海省博物馆藏

这枚被称为『索里得』的金币，来自东罗马帝国，为查士丁尼一世时期（公元527~565年）所铸。金币两面的图案分别是皇帝半身像和背生双翼的胜利女神像。该金币在青海的出土，既印证了中国与东罗马帝国之间的贸易往来，也说明了丝路青海道的重要性。

卅一

伏审帖

星期二

农历丙申年
四月廿五

今日世界无烟日

六月

胡汉交融

葡萄美酒夜光杯 丝路奇珍

第二十四周·汉锦胡风

第二十五周·华瓷番影

第二十六周·宝器流光

第二十七周·金玉生辉

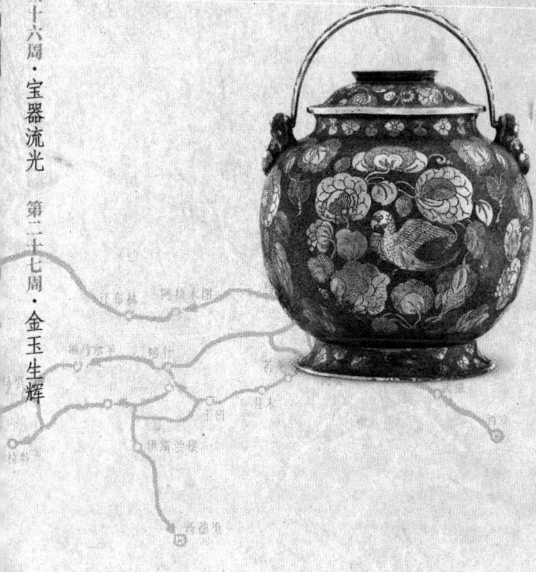

June

公历二〇一六年·六月 WEDNESDAY JUN 1 2016

一日

多宝塔碑

星期三

农历丙申年

四月廿六

今日国际儿童节

北朝·对羊灯树纹锦

新疆维吾尔自治区博物馆藏

通过漫漫丝路远输异域的丝绸，是最受欢迎的中原物品。而在从货物流通到技术传播的过程中，丝绸锦缎也逐渐融合了丝路沿途的地域特色，形成了胡汉交融的独特风景。此锦织造精美，纹饰中成对出现在灯树两侧的卧羊、禽鸟，显然受到外来因素的影响。

二日

雁塔圣教序

星期四

农历丙申年
四月廿七

五日芒种　九日端午节

北朝·连珠对羊纹锦

中国丝绸博物馆藏

一般认为，以排列成条带状的圆珠围绕主图的连珠纹，是来自萨珊王朝的装饰纹样。自北朝至隋唐，连珠纹越来越多地出现在丝绸织物上，充分体现了西域胡风对中原锦绣的深刻影响。

北朝·连珠鹿纹锦

中国丝绸博物馆藏

被连珠纹围绕着的织物主图，既有羊、鹿等较为常见的动物，也有狮子、翼马等异域色彩更为浓郁的真实或传说动物。即使是羊、鹿等常见动物，也往往颈部系着向后飘动的绶带，与中原纹饰大异其趣。

三日

张好好诗卷

星期五

农历丙申年
四月廿八

五日芒种　九日端午节

北朝·连珠猪头纹锦

中国丝绸博物馆藏

伸着獠牙的猪头，绝少出现在中原织物纹饰中。但是，由于猪在萨珊王朝所信奉的祆教中被视为神的化身，因而猪头纹也就具有了特殊的宗教意味，出现在深受萨珊风格影响的丝路织物纹饰中，也就不足为奇了。

四日

张翰帖

星期六

农历丙申年
四月廿九

明日芒种　九日端午节

公历二〇一六年・六月 SUNDAY JUN 5 2016

五月

九成宫醴泉铭

星期日

农历丙申年
五月初一

今日芒种　一候螳螂生
世界环境日

北周·彩绘骆驼俑

美国旧金山亚洲艺术博物馆藏

此驼造型，头部小而曲颈肥大，颇具时代特征。

唐·连珠对龙纹绮

新疆维吾尔自治区博物馆藏

此绮纹饰为双重连珠纹，其内两条作飞腾状的龙，对称围绕花柱，是来源于萨珊王朝的对兽圣树纹样式，而龙则是典型的中原传说动物，体现了两种文明的交融。

六日

伊阙佛龛碑

星期一

农历丙申年
五月初二

九日端午节　廿一夏至

唐·黄地卷草团窠对狮纹锦

青海省文物考古研究所藏

花卉团窠纹是外来的连珠纹等装饰纹样与本土的花卉纹相互影响形成的一种唐代丝绸常用的装饰纹样。此锦外围为卷草连绵的花卉团窠，中心则是作扑咬搏斗状的双狮，是典型的花卉团窠纹。

七日

孟法师碑

星期二

农历丙申年
五月初三

九日端午节　廿一夏至

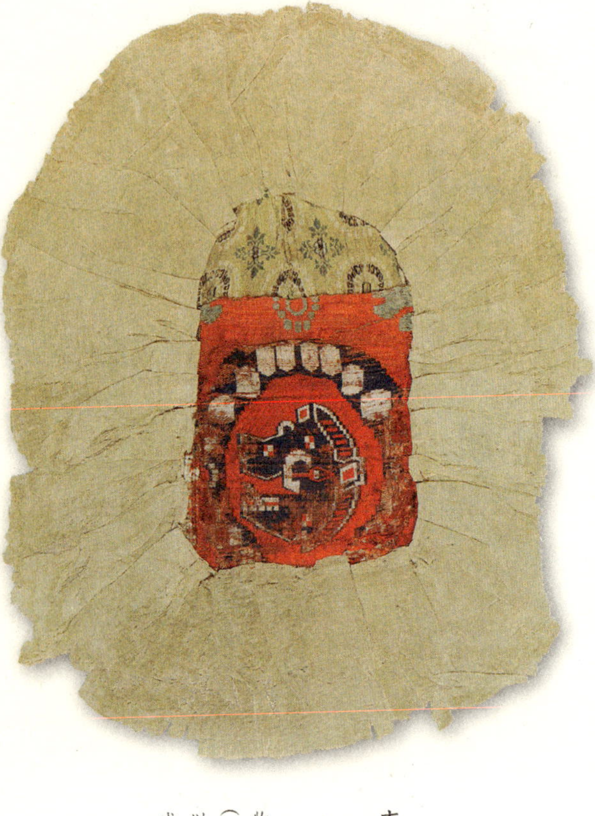

唐·连珠猪头纹锦覆面

新疆维吾尔自治区博物馆藏

猪头纹锦是北朝到隋唐织物上时有出现的异域宗教纹饰（参见6月4日），这件覆面正是以连珠猪头纹锦和白绢缝缀而成的。

八日

卫景武公李靖碑

星期三

农历丙申年
五月初四

今日世界海洋日

唐・瓣窠灵鹫纹锦

青海省文物考古研究所藏

此锦出土于青海都兰吐蕃墓群，无论是纹饰还是织造方式，均具有浓郁的西方色彩。

九日

九成宫醴泉铭

星期四

农历丙申年
五月初五

今日端午节　廿一夏至

十日

颜勤礼碑

星期五

农历丙申年
五月初六

今日二候䴗始鸣

唐·连对羊对鸟纹锦

青海省博物馆藏

此锦以外来的连珠纹为基础，连珠纹内织对鸟、对羊，外面则是两两相背的翼马、翼狮等更具异域色彩的神兽。环形的连珠条带中，插入四个回字纹，在移植借鉴中体现变化。

十一

善见律

星期六

农历丙申年
五月初七

今日中国文化遗产日

唐·绢衣木俑

新疆维吾尔自治区博物馆藏

阿斯塔那墓出土的绢衣木俑，有赖于当地炎热干燥的气候条件而保存千年。这件女俑上身所着锦衣，正是以风行一时的外来纹饰连珠对鸟纹锦制成，与丝路唐锦两相呼应。

唐·载人骆驼俑

辽宁省博物馆藏

此驼虽已残损，身上所负的驮囊、双系瓷壶等器物的逼真造型却清晰可见。尤其值得一提的是，此俑出土于东北的辽宁省朝阳市，可见丝路商旅的骆驼形象流传之广。

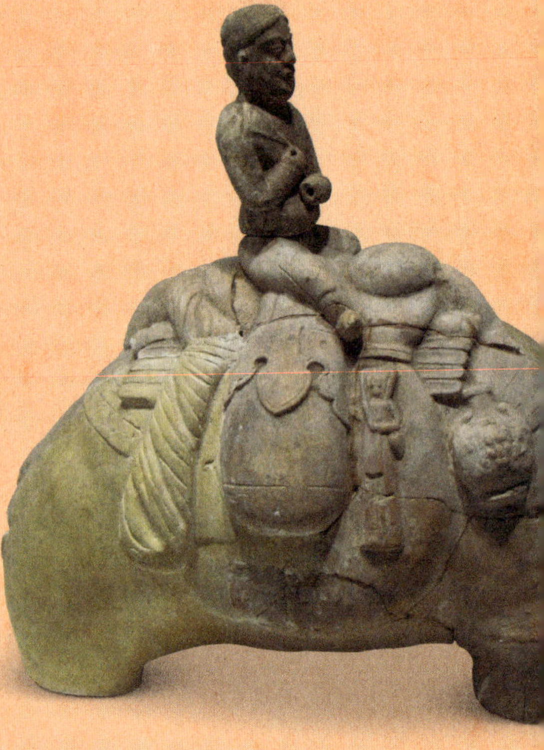

十二

道因法师碑

星期日

农历丙申年
五月初八

今日世界无童工日

公历二〇一六年·六月 MONDAY JUN 13 2016

十三

不空和尚碑

星期一

农历丙申年
五月初九

廿一夏至　七日小暑

唐·白瓷双系刻花扁壶

西安博物院藏

此壶釉色洁白，工艺精湛，在造型和纹饰上则吸收了外来器物的元素，简洁大方。

十四

史晨前后碑

星期二

农历丙申年
五月初十

廿一夏至　七日小暑

唐·白瓷双龙柄壶

西安博物院藏

双龙柄壶是在魏晋以来的鸡首壶的基础上，吸收融合外来器物元素而逐步定型的唐代酒具。自壶体向上，对称伸出的龙首壶柄，划出两道弧线，衔于壶口边缘。其造型之优美，堪称具有代表性的唐代器物。

唐·三彩釉陶凤首壶

陕西历史博物馆藏

此类凤首壶，基本造型脱胎于经丝路传入中原的胡瓶（参见5月26日），又融入了中原既有的凤凰、宝相花等造型和纹饰，亦为中西合璧的产物。

十五

玄堂帖

星期三

农历丙申年
五月十一

今日三候反舌无声

唐·三彩釉陶兽首杯

陕西历史博物馆藏

此件兽首杯，遍身花饰，杯柄为回首喷水的龙头。整体造型是对来自西方的酒具来通（参见5月14日）的模拟。

公历二〇一六年·六月 THURSDAY JUN 16 2016

十六

倪宽赞

星期四

农历丙申年
五月十二

廿一夏至　七日小暑

十七

何家村窖藏金银器墨书

星期五

农历丙申年
五月十三

今日世界防治
荒漠化和干旱日

公历二〇一六年·六月 FRIDAY JUN 17 2016

唐·青釉模印贴花『张』字纹瓷壶

湖南省博物馆藏

此壶造型为典型的长沙窑执壶，壶体纹饰则为椰枣纹和坐狮纹，充分体现了长沙窑外销瓷中西合璧的独特之处。

公历二〇一六年·六月 SATURDAY JUN 18 2016

上阳台帖

星期六

农历丙申年
五月十四

廿一夏至　七日小暑

唐·青釉模印贴花人物纹瓷壶

湖南省博物馆藏

此壶装饰模印贴花三组，分别为坐狮、塔式建筑和异域舞女，显然是为迎合西亚市场而特意制作的。

北朝·卧驼俑

南京博物院藏

与通常模制的大型骆驼俑相比，此驼似为信手捏制，造型简单，却也不失生动。

公历二〇一六年·六月 SUNDAY JUN 19 2016

十九

灵飞经

星期日

农历丙申年
五月十五

廿一夏至　七日小暑

魏晋·金釦蚌壳羽觞

青海省博物馆藏

羽觞为流行于战国、汉魏之间的中国传统酒具，以漆木器为多，亦有铜质、玉质。而此件羽觞则以蚌壳镶金边制成，极为少见，也是西方珍贵材质与东方传统器形相结合的产物。

廿日

廻元观钟楼铭

星期一

农历丙申年
五月十六

明日夏至　七日小暑

唐·鹦鹉纹鎏金银提梁罐

陕西历史博物馆藏

唐代上流社会对金银器的喜爱，深受西方习惯的影响。中原地区的金银器制造，其造型和纹饰也在继承传统的同时广泛汲取了萨珊、粟特等外来元素，形成了中西合璧的独特风格。出自何家村窖藏的这件提梁罐，造型敦厚，纹饰优美，鹦鹉与鸳鸯展翅于折枝花叶间，再加上鎏金装饰，更显华贵。

廿一

李思训碑

星期二

农历丙申年
五月十七

今日夏至　一候鹿角解

公历二〇一六年·六月 TUESDAY JUN 21 2016

唐·摩羯纹金杯

陕西历史博物馆藏

摩羯是印度神话中一种似鱼非鱼的水生动物，随着佛教东传而广泛出现于中原纹饰中。这件金杯杯底中心便饰以嬉戏于波涛之中的摩羯。

化度寺碑

星期三

农历丙申年
五月十八

七日小暑　九日天贶节

唐·舞马衔杯纹鎏金银壶

陕西历史博物馆藏

这件银壶采用北方游牧民族常用的皮囊壶造型，壶身两面均捶出作衔杯拜俯状的舞马并鎏金，是何家村窖藏金银器中最为知名的一件。所饰舞马纹，则来源于开元天宝年间专为唐玄宗庆寿而训练的衔杯舞蹈的舞马。

廿三

同州圣教序

星期四

农历丙申年
五月十九

今日国际奥林匹克日
联合国公务员日

唐·鸳鸯莲瓣纹金碗

陕西历史博物馆藏

何家村窖藏中，同样造型的鸳鸯莲瓣纹金碗共有两件。金碗的造型颇具西域色彩，而纹饰则以中原流行的宝相花、鸳鸯鸟为主，金光璀璨，华美异常。

廿四

三坟记

星期五

农历丙申年
五月二十

七日小暑　九日天贶节

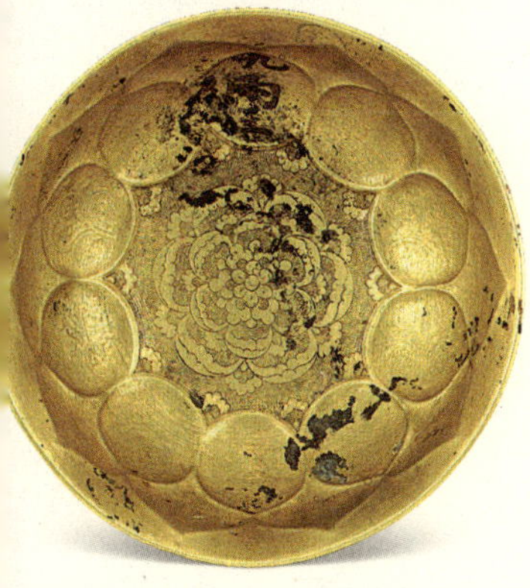

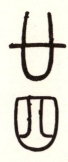

唐·鎏金仕女狩猎纹银杯

陕西历史博物馆藏

此杯为八曲葵口形，口沿和杯底均錾刻连珠，环形杯柄颇有粟特银器特点，而杯外壁纹饰则间隔表现仕女戏婴、梳妆、乐舞、游乐和男子策马狩猎。

廿五

神策军碑

星期六

农历丙申年

五月廿一

今日世界海员日

公历二〇一六年·六月

SUNDAY JUN 26 2016

廿六

颜氏家庙碑

星期日

农历丙申年
五月廿二

今日二候蜩始鸣
国际禁毒日

唐·彩绘载物骆驼俑

南京博物院藏

此驼满载货物、昂首嘶鸣，是典型的唐代骆驼俑造型。

唐·鎏金嵌珠宝玉带饰

陕西省考古研究院藏

这件玉带由多个部件组成，出土时皮质的带体已经朽坏，白玉镶嵌金、铜和宝石制成的带扣、带銙等部位则保存完好，在造型和审美上都体现了外来因素的影响。

廿七

麻姑仙坛记

星期一

农历丙申年
五月廿三

七日小暑　九日天贶节

公历二〇一六年·六月　MONDAY JUN 27 2016

唐·海兽葡萄纹金背镜

西安博物院藏

海兽葡萄纹是唐代铜镜镜背最为普遍的装饰纹样。此镜以捶揲而成的海兽葡萄纹金片镶于镜背，远较一般铜镜华美。

廿八

玄秘塔碑

星期二

农历丙申年
五月廿四

七日小暑　九日天贶节

公历二〇一六年·六月 TUESDAY JUN 28 2016

公历二〇一六年·六月 WEDNESDAY JUN 29 2016

廿九

王居士砖塔铭

星期三

农历丙申年
五月廿五

七日小暑　九日天贶节

唐·葡萄龙凤纹银碗

陕西历史博物馆藏

此碗内外碗底分别錾刻凤凰与蟠龙，外壁的葡萄卷草纹之中间隔錾刻三只鹦鹉、三头奔狮。从纹饰间密錾的鱼子纹地，可见其工艺之精湛。

卅日

家侄帖

星期四

农历丙申年
五月廿六

七日小暑 九日天贶节

唐·刻花带盖金执壶

陕西咸阳市博物馆藏

此壶錾刻纹饰细密，壶体外壁以缠枝莲纹为主体纹饰，并与壶钮和壶底部的莲瓣纹相呼应，或受佛教因素影响。其余部分满饰蔓草纹、鸾鸟纹等纹饰，连接壶盖与壶柄的链子则固定于龟形铆钉上，工精思巧。

公历二〇一六年·三月 THURSDAY MAR 31 2016

卅一

伏审帖

星期四

农历丙申年
二月廿三

四日清明　九日上巳节

唐·兴教寺塔

兴教寺塔位于陕西西安，是唐代高僧玄奘法师及其弟子窥基、新罗弟子圆测的舍利墓塔。三座墓塔呈『品』字形排列，玄奘墓塔居中，弟子墓塔居于左右。玄奘墓塔嵌有『唐三藏大遍觉法师塔铭』一方，记述了玄奘诞生、出家、受戒、取经和译经的过程。

兴教寺塔体现了佛教东传至长安后的进一步发展以及对朝鲜半岛的影响，为中国境内22处纳入世界文化遗产『丝绸之路：长安-天山廊道路网』的代表性遗迹之一。

家侄帖

公历二〇一六年·三月 WEDNESDAY MAR 30 2016

星期三

农历丙申年
二月廿二

今日三候始电

唐·小雁塔

小雁塔又名荐福寺塔，位于陕西西安，始建于8世纪初的唐景龙年间，是为存放唐代高僧义净从天竺带回的佛教经卷、佛图等而建。小雁塔所在的荐福寺是唐代长安三大译经场之一，见证了佛教自印度东传的历史，也见证了佛教在唐代长安的流行。小雁塔密檐砖塔的建筑形式是佛塔这一佛教建筑传入中原地区早期的珍贵例证。

小雁塔为中国境内22处纳入世界文化遗产『丝绸之路：长安－天山廊道路网』的代表性遗迹之一。

廿九

王居士砖塔铭

星期二

农历丙申年
二月廿一

四日清明　九日上巳节

唐·大雁塔

大雁塔位于陕西西安，又名慈恩寺塔，始建于唐永徽三年（公元652年），是唐代高僧玄奘法师为保存从印度带回的经书、佛像和舍利而建。大雁塔作为现存最早、规模最大的唐代四方楼阁式砖塔，是佛塔这一印度佛教建筑形式随着佛教传入中原地区并中国化的典型物证。

大雁塔，为中国境内22处纳入世界文化遗产『丝绸之路：长安－天山廊道路网』的代表性遗迹之一。

廿八

玄秘塔碑

星期一

农历丙申年
二月二十

四日清明　九日上巳节

唐·释迦牟尼佛

彬县大佛寺石窟位于陕西咸阳，始凿于6世纪，现存石窟116个，佛龛400多处，造像近2000尊。该石窟是盛唐时期唐代都城长安及周边地区中式佛教石窟艺术的重要遗存，其标志性的唐代大佛雕塑以阿弥陀佛取代释迦牟尼形象，展现了佛教东传至中原后的本土化。

彬县大佛寺石窟，为中国境内22处纳入世界文化遗产『丝绸之路：长安－天山廊道路网』的代表性遗迹之一。

廿七

麻姑仙坛记

星期日

农历丙申年
二月十九

今日世界戏剧日

唐·三彩釉陶卧驼俑

陕西历史博物馆藏

这件三彩卧驼，造型简洁逼真，脖颈扭转，头部上扬，颇具动感。

公历二〇一六年·三月 SUNDAY MAR 27 2016

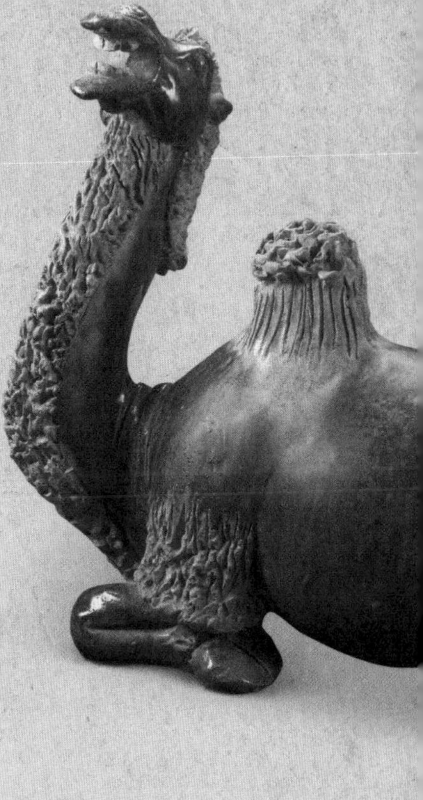

廿六

颜氏家庙碑

星期六

农历丙申年
二月十八

四日清明　九日上巳节

唐·卢舍那大佛

龙门石窟奉先寺

唐代是龙门石窟自北魏开凿以来的又一鼎盛时期。与北魏迁都之前所开凿云冈石窟中屡屡通过大型造像再现帝王形象类似，奉先寺的卢舍那大佛据传是以武则天的形象为蓝本的。其规模宏大，为龙门之最。

廿五

神策军碑

星期五

农历丙申年
二月十七

今日二候雷乃发声

北魏·孝文帝、文昭皇后礼佛图

美国纽约大都会艺术博物馆藏
美国阿特金斯艺术博物馆藏

日渐流行的供养人题材逐渐发展出规模宏大的礼佛图。龙门石窟宾阳中洞内壁上的魏孝文帝礼佛图与另一方文昭皇后礼佛图是其中最具代表性的杰作。可惜的是，这两方浮雕均在上世纪30年代，由曾任纽约大都会艺术博物馆远东部主任的美国人普艾伦指使北京文物商贩岳彬盗凿而去，分藏于大都会艺术博物馆和堪萨斯纳尔逊－阿特金斯艺术博物馆。

廿四

三坟记

星期四

农历丙申年
二月十六

今日世界防治结核病日

北魏·释迦牟尼佛坐像

龙门石窟宾阳中洞西壁

魏孝文帝迁都洛阳之后，伊水之滨的龙门石窟逐渐兴盛起来。从云冈到龙门，北朝佛教石窟艺术也发生了显著变化，古阳洞、宾阳洞等洞窟中的造像，即已由云岗时期明显的犍陀罗风格，转变为秀骨清像的中原风格。

龙门石窟于2000年被联合国科教文组织列为世界文化遗产。

廿三

同州圣教序

星期三

农历丙申年
二月十五

今日花朝节　世界气象日

北魏·云冈石窟第6窟内景

云岗石窟第6窟的开凿晚于第10窟，窟中主像为褒衣博带的三世佛。窟壁所雕的佛传故事，在国内现存的石窟雕刻中最为完整。

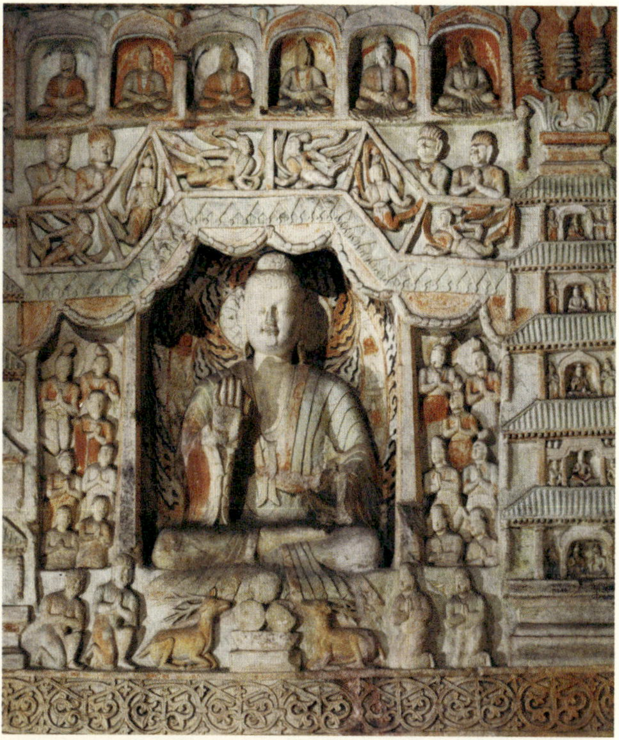

廿二

化度寺碑

星期二

农历丙申年
二月十四

今日世界水日

北魏・云冈石窟第10窟内景

对于北魏国都平城（今山西大同）佛教的兴盛，《魏书》中有这样的记载：『太延中，凉州平，徙其国人于京邑，沙门佛事皆俱东，象教弥增矣。』北魏正是在平定北凉之后，与西域各国往来不绝。西域佛教艺术也由此得以进一步东传。

云冈石窟第10窟开凿于北魏孝文帝太和年间，窟中多雕释迦多宝对坐说法像，窟壁装饰繁复华美。

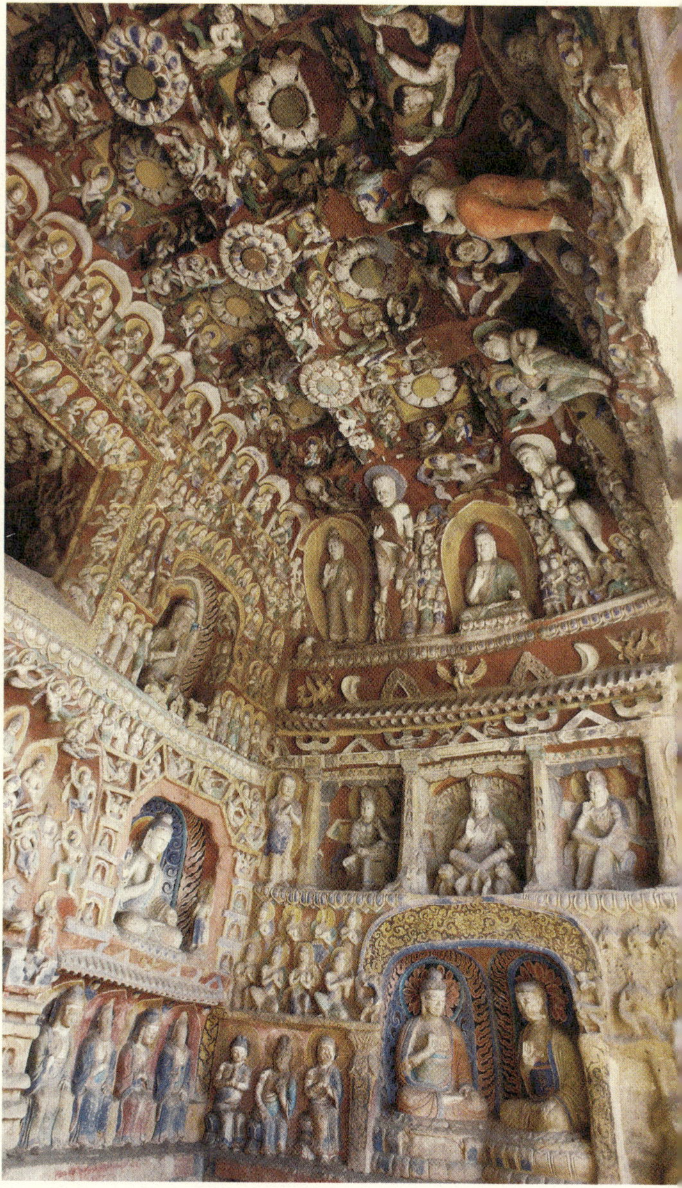

廿一

李思训碑

星期一

农历丙申年
二月十三

廿三花朝节　四日清明

北魏·露天大佛与胁侍

云冈石窟第20窟

位于山西大同的云冈石窟是佛教自汉代传入中原之后，第一次由国家主持的大规模石窟营造工程。石窟规模宏伟，造像体量巨大，雕工精美，代表了北魏迁都洛阳之前最高的艺术水准。

云冈石窟于2000年被联合国教科文组织列为世界文化遗产。

廿日

廼元观钟楼铭

星期日

农历丙申年
二月十二

今日春分　一候玄鸟至

唐·陶卧驼俑

陕西历史博物馆藏

唐代骆驼俑，多配有满载货物的驮架，以模拟丝路商旅之景。此俑则着意刻画骆驼本身的形体，体现了唐代工匠的高超技艺。

公历二〇一六年·三月 SUNDAY MAR 20 2016

公历二〇一六年·三月 SATURDAY MAR 19 2016

十九

灵飞经

星期六

农历丙申年

二月十一

明日春分　廿三花朝节

唐·佛坐像

须弥山石窟第5窟

须弥山位于宁夏固原，始凿于北魏，历经北周、隋、唐诸朝，以第5窟的唐代坐佛规模最大。

十八

上阳台帖

星期五

农历丙申年
二月初十

廿日春分　廿三花朝节

北魏·比丘塑像

麦积山石窟第121窟

甘肃天水东接关陇，十六国时期，佛教即已流传于此。因『望之团团如民间积麦之状』而得名为麦积山，现存佛教窟龛近200个，泥塑造像7000余身，壁画上千平方米。麦积山石窟以其明显反映中国佛殿建筑形象的石窟形式及最早期的经变画而成为丝绸之路佛教艺术转折性阶段的重要遗迹。作为四大石窟之一，麦积山石窟与其余三大石窟的主要区别在于窟中造像多非石雕，而以泥塑为主。这也决定了其风格多柔美。这组比丘塑像即为其典型。

麦积山石窟，为中国境内22处纳入世界文化遗产『丝绸之路：长安－天山廊道路网』的代表性遗迹之一。

十七

何家村窖藏金银器墨书

星期四

农历丙申年
二月初九

廿日春分　廿三花朝节

唐·释迦摩尼佛坐像

炳灵寺石窟第171窟

炳灵寺石窟第171窟中的此尊大佛高达27米，气势宏伟。上世纪60年代，因修建刘家峡水电站而筑堤保护石窟，形成高峡平湖、佛影倒映之景。

十六

倪宽赞

星期三

农历丙申年
二月初八

廿日春分　廿三花朝节

西秦·泥塑佛造像浮雕

炳灵寺石窟第169窟

炳灵寺石窟位于甘肃省临夏回族自治州永靖县，始凿于西秦，现存窟龛185个，雕像近800尊，壁画900多平方米。十六国时期，炳灵寺石窟所在地为崇信佛教的西秦政权所控制。第169窟有『建弘元年』（公元420年）墨书纪年题记，为我国佛教石窟寺中最早的题记，因而弥足珍贵。

炳灵寺石窟，为中国境内22处纳入世界文化遗产『丝绸之路：长安－天山廊道路网』的代表性遗迹之一。

十五

玄堂帖

星期二

农历丙申年
二月初七

今日三候鹰化为鸠
世界消费者权益日

北凉·高善穆石造像塔

甘肃省博物馆藏

以基座高窄、顶部相轮粗壮为特征的北凉石塔，主要分布于从吐鲁番到河西走廊酒泉、敦煌和武威一带。塔上雕像带有明显的犍陀罗艺术风格，但同时又带有八卦符号等中原文化元素，体现了佛教东传进一步本土化的过程。

公历二〇一六年·三月 MONDAY MAR 14 2016

十四

史晨前后碑

星期一

农历丙申年
二月初六

廿日春分　廿三花朝节

北凉·彩绘菩萨像

天梯山石窟第4窟

甘肃武威天梯山石窟开凿于公元5世纪初期的北凉。此幅菩萨像体现了佛教壁画沿丝绸之路经克孜尔、敦煌一路东传并本土化的典型过渡。

十三

不空和尚碑

星期日

农历丙申年
二月初五

廿日春分　廿三花朝节

唐·牵驼图画像砖

敦煌研究院藏

此砖出土于敦煌佛爷庙，刻画了骆驼满载货物，跟随牵驼者缓步前行的情形。与青海省博物馆藏北朝胡人牵驼画像砖（参见2月14日）有异曲同工之妙。

十二

道因法师碑

星期六

农历丙申年
二月初四

今日植树节

唐·《佛说大药善巧方便经》卷

甘肃省博物馆藏

《佛说大药善巧方便经》不见于各经藏。出自敦煌藏经洞的此卷为仅见孤本，书于初唐高宗时期，为略有隶书笔意的楷书佳品。

十一

善见律

星期五

农历丙申年
二月初三

廿日春分　廿三花朝节

公历二〇一六年·三月　FRIDAY MAR 11 2016

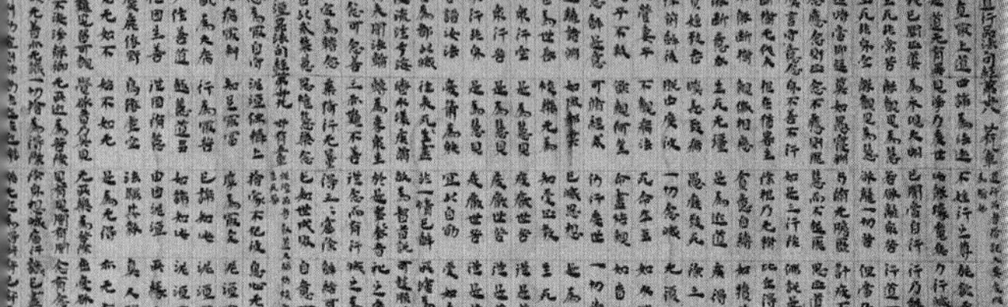

前凉·《法句经》卷

甘肃省博物馆藏

敦煌藏经洞存有大量历代抄经，不但是珍贵的佛教文物，也呈现了不同时期的书法艺术特色。此卷为国内现存最早的佛经写本，其书写形式体现了由简牍向经卷过渡的特色。

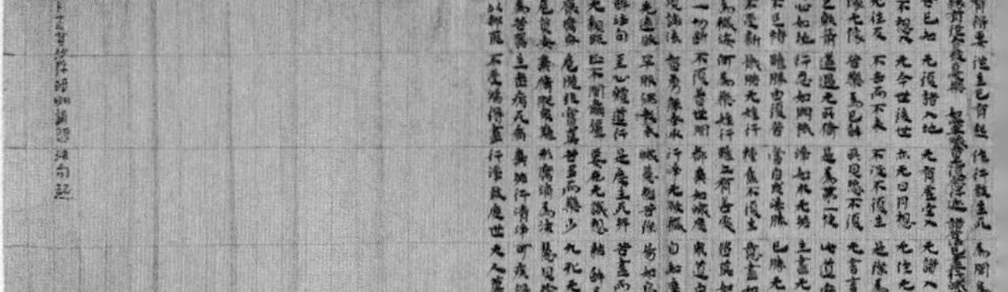

十日

颜勤礼碑

星期四

农历丙申年
二月初二

今日龙抬头　二候鸧鹒鸣

唐·维摩诘演教图

敦煌莫高窟第220窟

维摩诘演教是屡屡入画的佛教故事情节，表现维摩诘与文殊菩萨辩论的场景。此图刻画逼真，为个中杰作。

九日

九成宫醴泉铭

星期三

农历丙申年
二月初一

明日龙抬头　廿日春分

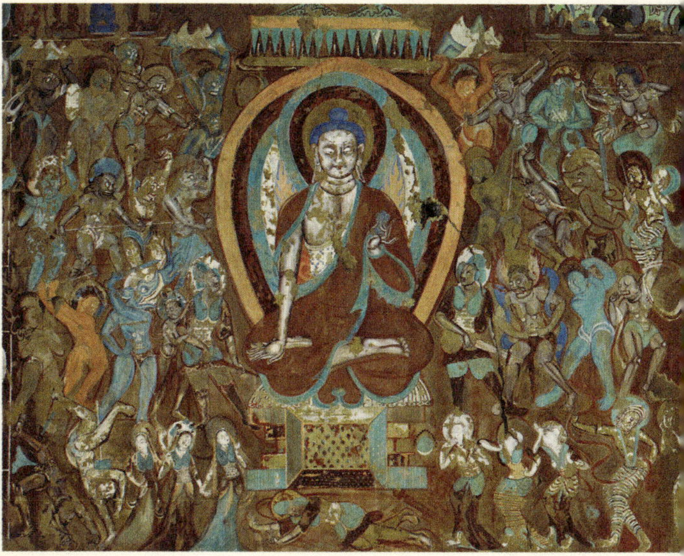

北魏·降魔变

敦煌莫高窟第254窟

此图描绘的是魔王率众魔扰乱佛法，被释迦牟尼降服的场景。画中人物众多，繁而不乱，生动表现了《佛所行赞·破魔品》中的内容。

八日

卫景武公李靖碑

星期二

农历丙申年
正月三十

今日妇女节　十日龙抬头

北魏·尸毗王本生图

敦煌莫高窟第254窟

此图表现了尸毗王舍身救鸽的故事：尸毗王救护了被老鹰追逐的鸽子，但鹰不食鸽则无法生存，尸毗王遂割肉舍身，两全其生。画面以舍身割肉的尸毗王为画面主体，劝阻者、称肉者等等环伺左右。

七日

孟法师碑

星期一

农历丙申年
正月廿九

明日妇女节　十日龙抬头

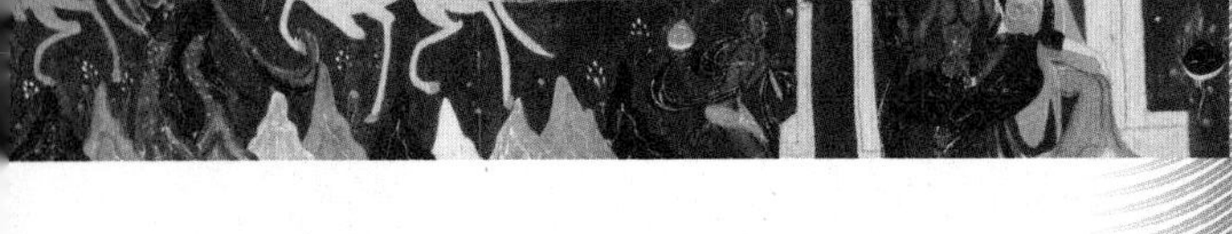

北魏·鹿王本生图

敦煌莫高窟第254窟

敦煌位于河西走廊最西端，丝绸之路在新疆境内的南北两路交汇于此。因而此处不但是政治、军事意义重大的交通要冲，也是佛教东传的重要节点。莫高窟、西千佛洞、安西榆林窟和东千佛洞等构成了蜚声中外的敦煌石窟群。

此图表现的是脍炙人口的鹿王本生故事。敦煌壁画中以结构连贯的画面表现内容连续的故事情节并不鲜见。但此图所描绘的故事情节先从画面左端向右推进，再从右端向左发展，最终以画面中央为高潮和结尾，这一结构则较为特殊。

敦煌莫高窟于1987年被联合国教科文组织列为世界文化遗产。

六日

伊阙佛龛碑

星期日

农历丙申年
正月廿八

八日妇女节　十日龙抬头

唐·石膏佛教故事图浮雕

新疆喀什地区博物馆藏

这方发现于新疆巴楚县一处佛寺遗址的石膏浮雕，是以犍陀罗风格表现的佛教故事图。尽管表面破损，人物面目模糊，但左侧树下，卧于菩萨造型人物之下的骆驼屈肢回首作舔舐状，仍清晰可辨。

公历二〇一六年・三月 SATURDAY MAR 5 2016

五日

九成宫醴泉铭

星期六

农历丙申年
正月廿七

今日惊蛰　一候桃始华

舍利盒

法国吉美博物馆藏

绘有乐舞形象的舍利盒是苏巴什佛寺遗址出土的代表性器物，所绘人物、纹饰体现了东西方文化的融合。

公历二〇一六年·三月 FRIDAY MAR 4 2016

四日

张翰帖

星期五

农历丙申年
正月廿六

明日惊蛰　八日妇女节

苏巴什佛寺遗址

苏巴什佛寺遗址位于新疆维吾尔自治区库车县，见证了丝绸之路上古龟兹地区长期作为西域佛教传播中心的历史。该遗址出土的丝织品、古钱币、器物和文书佐证了丝绸之路古龟兹地区发生的多种文化和商贸交流。

苏巴什佛寺遗址，为中国境内22处纳入世界文化遗产「丝绸之路：长安－天山廊道路网」的代表性遗迹之一。

三日

张好好诗卷

公历二〇一六年·三月 THURSDAY MAR 3 2016

星期四

农历丙申年
正月廿五

今日国际爱耳日

魏晋南北朝·本生故事图

克孜尔石窟第17窟

克孜尔石窟壁画风格鲜明，色彩瑰丽，多描绘佛教故事，尤以绘于菱形格中的本生故事为特色。可惜许多精品已在上世纪初被德国柏林民俗学博物馆等机构派遣的考察队盗割，流失海外。此窟被当年考察的德国人命名为菩萨天井窟。

二日

雁塔圣教序

星期三

农历丙申年
正月廿四

五日惊蛰　八日妇女节

公历二〇一六年·三月　WEDNESDAY MAR 2 2016

魏晋南北朝·供养人像

克孜尔石窟第205窟

克孜尔石窟地属龟兹，窟中壁画采用勾线、平涂和晕染结合的重彩画法，形成外来画风本土化之后的龟兹风格。

一日

多宝塔碑

星期二

农历丙申年
正月廿三

五日惊蛰　八日妇女节

魏晋南北朝·释迦说法图

克孜尔石窟第38窟

丝绸之路是中原物产输往西方的通道，也是佛教东传的重要途径。位于新疆维吾尔自治区拜城县的克孜尔石窟，开凿于公元3至9世纪，是佛教东传重要的一站，也是丝绸之路上最重要的佛教遗迹之一，现存洞窟300余个，壁画近万平米。

克孜尔石窟，为中国境内22处纳入世界文化遗产『丝绸之路：长安－天山廊道路网』的代表性遗迹之一。

西出陽關無故人　漢韻邊城

三月

丝路梵踪

第十周·天山佛音

第十一周·敦煌花雨

第十二周·陇上胜境

第十三周·走向中原

第十四周·唐都浮屠

March

廿九

王居士砖塔铭

星期一

农历丙申年
正月廿二

今日三候草木萌动

克孜尔尕哈烽燧

克孜尔尕哈烽燧位于阿克苏地区库车县，是西域地区丝绸之路交通沿线诸多烽燧中至今保存最好、规模最大的代表性烽燧，汉帝国大型交通保障体系中的烽燧制度是对丝绸之路长距离交通和交流安全的保障。

克孜尔尕哈烽燧，为中国境内22处纳入世界文化遗产『丝绸之路：长安－天山廊道路网』的代表性遗迹之一。

廿八

玄秘塔碑

星期日

农历丙申年
正月廿一

五日惊蛰　八日妇女节

公历二〇一六年·二月 SUNDAY FEB 28 2016

唐·三彩釉陶载物骆驼

西安博物院藏

边城暮雨雁飞低，芦笋初生渐欲齐。
无数铃声遥过碛，应驮白练到安西。
——唐 张籍《凉州词》

廿七

麻姑仙坛记

星期六
农历丙申年
正月二十

五日惊蛰　八日妇女节

北庭故城西大寺遗址

北庭故城高昌回鹘佛寺又称北庭西大寺，是见证佛教文化在西域传播的重要遗址之一。

廿六

颜氏家庙碑

星期五

农历丙申年
正月十九

五日惊蛰　八日妇女节

北庭故城壁画

北庭故城遗址位于新疆吉木萨尔县，是公元7至14世纪天山北麓重要的军政中心和交通枢纽。遗址主要包括北庭故城、北庭西寺等，见证了唐帝国『都护府』等边疆管理模式及其对丝绸之路文化交流的保障和古代西域地区高昌、回鹘等文明的兴衰。

北庭故城遗址，为中国境内22处纳入世界文化遗产『丝绸之路：长安－天山廊道路网』的代表性遗迹之一。

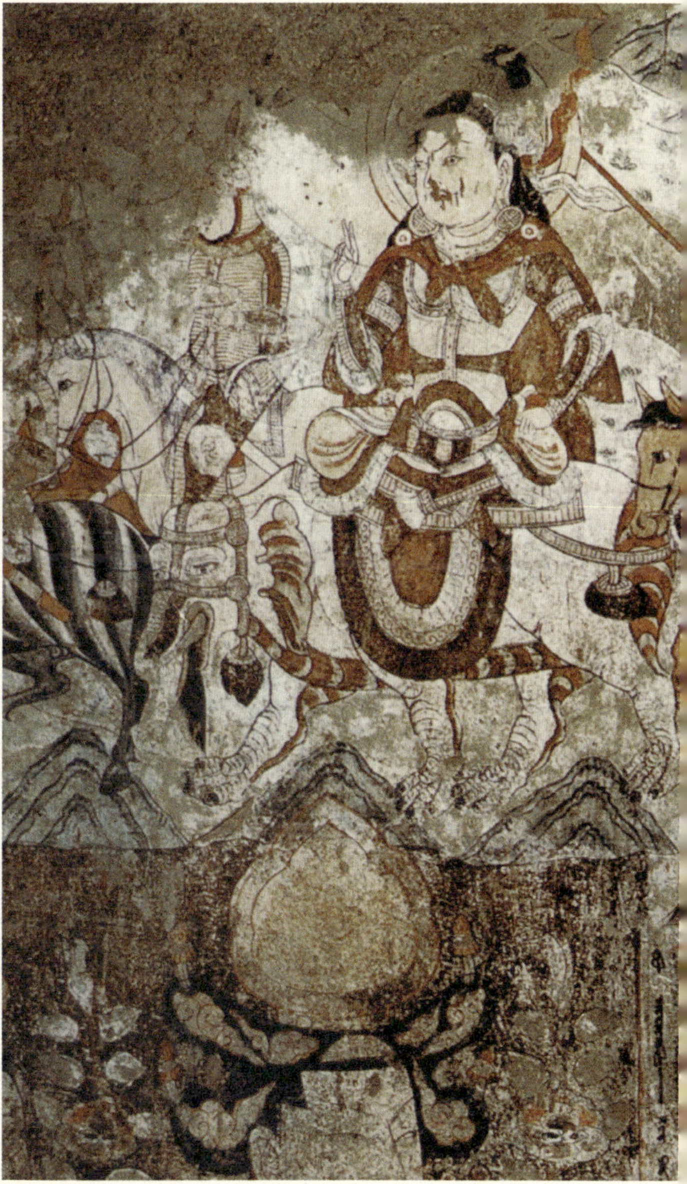

廿五

神策军碑

星期四

农历丙申年
正月十八

五日惊蛰　八日妇女节

交河故城

交河故城位于一座岛形台地上。对其名称由来，《汉书·西域传》载：「车师前国，王治交河城，河水分流绕城下，故号交河。」唐人李颀《古从军行》中便有「白日登山望烽火，黄昏饮马傍交河」之句。

廿四

三坟记

星期三

农历丙申年
正月十七

今日二候候雁北

交河故城

交河故城位于新疆吐鲁番，从公元前2世纪至公元14世纪之间历经了千年兴衰，见证了唐帝国『都护府』等边疆管理模式及其对丝路交流所发挥的重要作用，也展现了丝绸之路沿线有关城市文化、建筑技术、佛教及多民族文化的交流与传播。

交河故城为中国境内22处纳入世界文化遗产『丝绸之路：长安－天山廊道路网』的代表性遗迹之一。

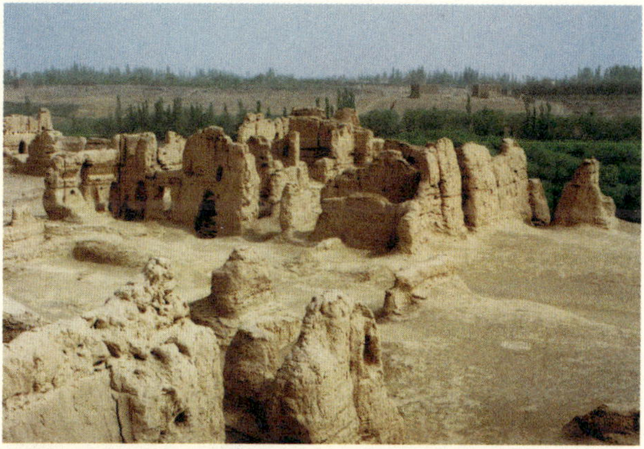

廿三

同州圣教序

星期二

农历丙申年
正月十六

五日惊蛰　八日妇女节

唐·伏羲女娲绢画

新疆维吾尔自治区博物馆藏

阿斯塔那是高昌的墓葬区，将繁荣于魏晋隋唐之间的这座古国名城的风貌真实地定格于地下。伏羲女娲绢画的大量出土，充分说明了此地在风俗信仰和文化上与中原地区的密切关联。

廿二

化度寺碑

星期一

农历丙申年
正月十五

今日上元节　五日惊蛰

高昌故城

高昌故城位于新疆吐鲁番，是公元前1世纪至公元14世纪吐鲁番盆地第一大中心城镇，包括外城、内城和『可汗堡』，城址内分布有大量宗教建筑遗址和房屋遗址。高昌故城见证了汉唐等中原王朝通过设置郡、州、县等建置对丝路开创与繁荣所起的重要推动和保障作用，展现了城市文化、建筑技术、多种宗教和多民族文化在吐鲁番盆地的交流与传播。

高昌故城，为中国境内22处纳入世界文化遗产『丝绸之路：长安－天山廊道路网』的代表性遗迹之一。

公历二〇一六年·二月

MONDAY FEB 22 2016

廿一

李思训碑

星期日

农历丙申年
正月十四

今日国际母语日

高昌『胡王』连珠纹锦

新疆维吾尔自治区博物馆藏

此锦以连珠纹环绕的狮子、胡人牵驼为图案。驼下并织有『胡王』二字。轴对称的图案布局，使得胡人牵驼恰如倒映水中，达到了意想不到的艺术效果。

公历二〇一六年·二月 SUNDAY FEB 21 2016

公历二〇一六年·二月 SATURDAY FEB 20 2016

廿日

廻元观钟楼铭

星期六

农历丙申年
正月十三

今日世界社会公正日

唐·彩绘釉陶吹哨胡人骑马俑

陕西昭陵博物馆藏

黄河远上白云间，一片孤城万仞山。
羌笛何须怨杨柳，春风不度玉门关。

——唐 王之涣《凉州词》

十九

灵飞经

星期五

农历丙申年
正月十二

今日雨水　一候獭祭鱼

西汉·彩绘陶俑

江苏徐州博物馆藏

明月出天山，苍茫云海间。长风几万里，吹度玉门关。
汉下白登道，胡窥青海湾。由来征战地，不见有人还。
戍客望边色，思归多苦颜。高楼当此夜，叹息未应闲。

——唐 李白《关山月》

十六

上阳台帖

星期四

农历丙申年
正月十一

明日雨水　廿二上元节

公历二〇一六年·二月　THURSDAY FEB 18 2016

玉门关遗址

地处戈壁的玉门关遗址位于甘肃敦煌，包括大、小方盘城遗址、汉长城边墙及烽燧遗址。出土大量简牍文书以及丝织品、兵器、屯田工具等。

玉门关遗址，为中国境内22处纳入世界文化遗产『丝绸之路：长安－天山廊道路网』的代表性遗迹之一。

十七

何家村窖藏金银器墨书

星期三

农历丙申年
正月初十

十九雨水　廿二上元节

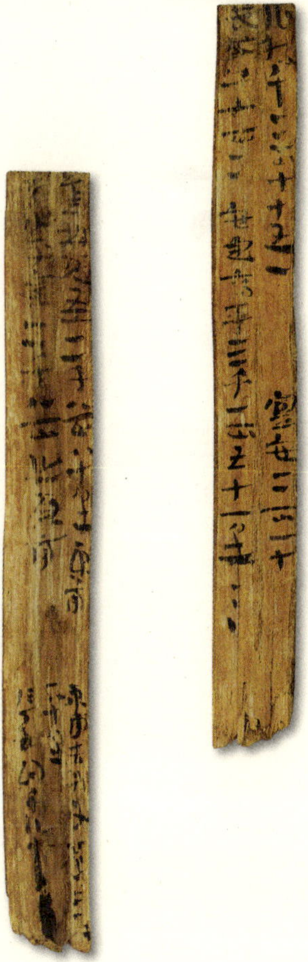

西汉·河西道驿置道里簿木简

甘肃省文物考古研究所藏

敦煌悬泉置遗址出土的这一简牍，与居延汉简中的高平道驿置道里簿木简（参见2月8日）相互参补，甚至可以复原出从长安到敦煌的完整里程。

十六

倪宽赞

星期二

农历丙申年
正月初九

十九雨水　廿二上元节

悬泉置遗址

悬泉置位于甘肃酒泉敦煌与瓜州交界处，是汉代用于传递各种邮件文书、迎送使者宾客的驿置，遗址保存完整，出土文物众多。

悬泉置遗址，为中国境内22处纳入世界文化遗产『丝绸之路：长安－天山廊道路网』的代表性遗迹之一。

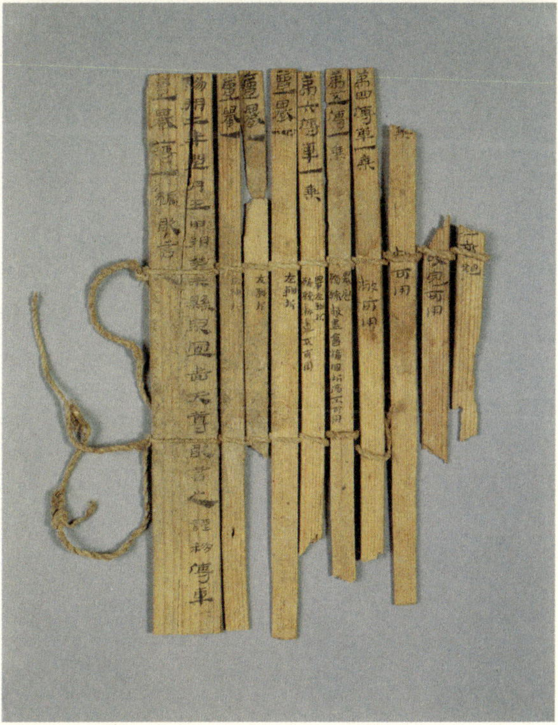

十五

玄堂帖

星期一

农历丙申年
正月初八

十九雨水　廿二上元节

锁阳城遗址

锁阳城位于甘肃省酒泉市瓜州县，城址年代约为公元7至13世纪，可能为唐代瓜州城故址。主要遗存包括锁阳城城址、农业灌溉渠系遗迹、锁阳城墓群和塔尔寺遗址。城址周围有墓葬2100余座，以唐代墓葬为主。出土文物有三彩马、驼、俑、镇墓兽、丝绸、瓷器、钱币等。

锁阳城遗址，为中国境内22处纳入世界文化遗产『丝绸之路：长安－天山廊道路网』的代表性遗迹之一。

十四

史晨前后碑

星期日

农历丙申年
正月初七

今日三候鱼陟负冰

北朝·胡人牵驼画像砖

青海省博物馆藏

表现骆驼的陶俑数量众多，同样题材的画像砖则较为少见。此砖不但刻画了胡人牵驼前行的情景，还以简约的线条刻画了山峦起伏的环境，体现了画像砖的艺术特色。

十三

不空和尚碑

星期六

农历丙申年
正月初六

今日世界无线电日

魏晋·汉文木简

新疆文物考古研究所藏

丝路简牍中，除了对研究古代文书寄递、驿站交通等方面提供佐证的文书，也有不少书信，为今人探究当年边城雄关驻守者的生活片段提供了只言片语的依据。同时，随意的字体也反映了书法艺术在日常实用中多样化的真实面貌。

十二

道因法师碑

星期五

农历丙申年
正月初五

十九雨水　廿二上元节

西汉·帛书『张掖都尉棨信』

甘肃省博物馆藏

『棨信』为古代传递命令的信物或过关凭证，也可作为高级官吏出行的标志。这件棨信为张掖都尉所用。

十一

善见律

星期四

农历丙申年
正月初四

十九雨水　廿二上元节

西汉·甲渠侯官检

甘肃省文物考古研究所藏

对于简牍文书寄递的漫漫长路，古人充分考虑到了信息的保密问题。检便是覆于简牍之外、再以绳捆扎、封泥钤印以防私拆的封护。此检出土于居延。

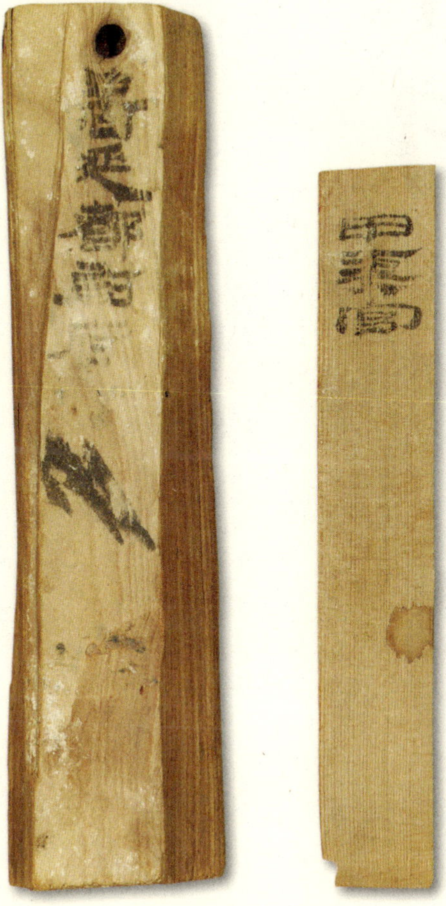

十日

颜勤礼碑

星期三

农历丙申年
正月初三

十九雨水　廿二上元节

魏晋·彩绘驿使图砖

甘肃省博物馆藏

《驿使图》彩绘砖是嘉峪关魏晋砖室墓所出彩绘砖中最具代表性也最为知名的一块。画中驿使骑于四蹄狂奔的骏马之上，有一种超乎现实的韵律感。人物、马匹均用笔寥寥，造型却不失准确生动，别有一番味道。

公历二〇一六年·二月 TUESDAY FEB 9 2016

九日

九成宫醴泉铭

星期二
农历丙申年
正月初二

今日二候蛰虫始振

东汉·青铜车马出行仪仗俑

甘肃省博物馆藏

武威位于河西走廊东端，居丝路要冲，古称凉州。出土于武威雷台汉晋墓葬的这组车马出行仪仗俑，再现了墓主人生前的赫赫威仪，也呈现了当时青铜铸造技艺和造型艺术的高超水平。

八日

卫景武公李靖碑

星期一

农历丙申年
正月初一

今日春节　十九雨水

西汉·高平道驿置道里簿木简

甘肃省文物考古研究所藏

河西走廊出土的汉代简牍，是今人了解当年丝路走向、驿置设立等信息的珍贵史料。出土于内蒙古额济纳旗的居延汉简之中，高平道驿置道里簿木简所记载的，正是丝绸之路自长安出发，京畿段之后的安定段具体的道路里程。

公历二〇一六年・二月 MONDAY FEB 8 2016

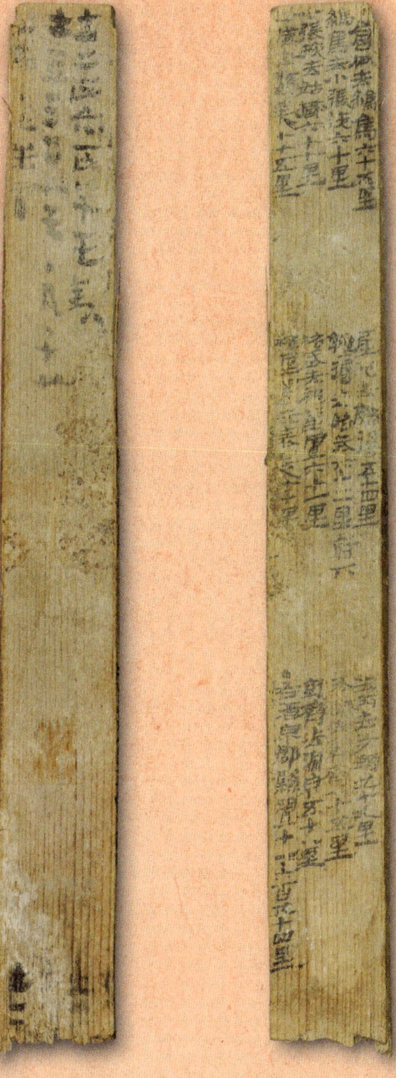

七日

孟法师碑

星期日

农历乙未年
腊月廿九

今日除夕　明日春节

魏晋·彩绘双驼图砖

甘肃省博物馆藏

嘉峪关魏晋砖室墓出土的大量彩绘砖，定格了当年的丝路咽喉——河西走廊一带的生活风貌。此砖所绘一大一小两峰骆驼，拴有缰绳，说明当时骆驼已是人工饲养的重要畜力。

六日

伊阙佛龛碑

星期六

农历乙未年
腊月廿八

明日除夕　八日春节

唐·三彩釉陶骡

西安博物院藏

此俑逼真地塑造了骡子在跋涉中低头喘息的形象。骡在三彩俑中很少出现，且蓝釉也很少使用，故而此俑虽貌不惊人，却是十分珍贵的。

五日

九成宫醴泉铭

星期五

农历乙未年
腊月廿七

七日除夕　八日春节

唐·彩绘陶鞍马

西安博物院藏

六翮飘飖私自怜，一离京洛十余年。
丈夫贫贱应未足，今日相逢无酒钱。
——唐 高适《别董大》其二

四日

张翰帖

公历二〇一六年·二月

THURSDAY FEB 4 2016

星期四

农历乙未年
腊月廿六

今日立春　一候东风解冻
世界癌症日

唐·三彩釉陶马

洛阳博物馆藏

千里黄云白日曛，北风吹雁雪纷纷。
莫愁前路无知己，天下谁人不识君！
——唐 高适《别董大》其一

三日

张好好诗卷

星期三

农历乙未年
腊月廿五

明日立春、七日除夕

唐·三彩釉陶牵马俑

陕西省考古研究院藏

渭城朝雨浥轻尘，客舍青青柳色新。
劝君更进一杯酒，西出阳关无故人。

——唐 王维《送元二使安西》

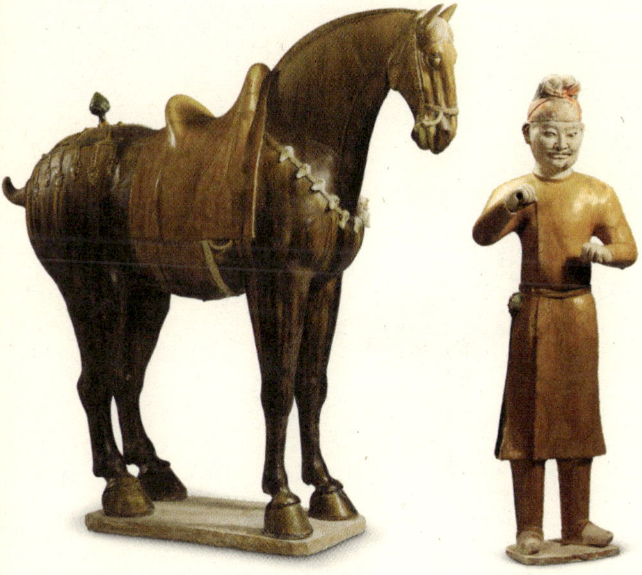

二日

雁塔圣教序

星期二

农历乙未年
腊月廿四

今日世界湿地日

公历二〇一六年·二月 TUESDAY FEB 2 2016

唐·彩绘陶马与胡人驯马俑

洛阳博物馆藏

崤函古道石壕段位于河南省三门峡市，主要包括石灰岩质古道路面、路旁蓄水设施。崤函古道是汉唐时期沟通长安、洛阳两大都城交通要道的组成部分，是丝绸之路长期、长距离交通保障系统的珍贵物证。当年的漫漫长路上，骏马飞驰。也正因马在长途交通中所扮演的重要角色，所以成为了三彩俑中最为常见也最为精彩的品类之一。

崤函古道石壕段遗址，为中国境内22处纳入世界文化遗产『丝绸之路：长安－天山廊道路网』的代表性遗迹之一。

一日

多宝塔碑

星期一

农历乙未年
腊月廿三

今日小年　四日立春

公历二〇一六年·二月 MONDAY FEB 1 2016

汉·『关』字瓦当

陕西西安秦砖汉瓦博物馆藏

被称为『崤函孔道』、『中原锁钥』的函谷关位于洛阳新安县。它是传说中的紫气东来之所，位于汉代长安与洛阳两都之间、也是中原与关中之间的重要关隘，它见证了汉王朝大型交通保障体系中的交通管理和防御制度。『关』字瓦当，正是汉代关隘遗址中的典型出土物。

新安汉函谷关遗址，为中国境内22处纳入世界文化遗产『丝绸之路：长安－天山廊道路网』的代表性遗迹之一。

西出陽關無故人 漢韻邊城

二月

雄关边城

第六周·关陇西行

第七周·千里传信

第八周·戈壁明珠

第九周·故城寻踪

February

威尼斯
罗马

廿一

伏审帖

星期日

农历乙未年
腊月廿二

明日小年　四日立春

公历二〇一六年・一月 SUNDAY JAN 31 2016

北周・彩绘陶载物骆驼

宁夏固原博物馆藏

北周大将军李贤的夫妻合葬墓，位于丝路重镇原州（今宁夏固原），出土了多件来自异域的器物，做工精美绝伦，但也出土了这样造型简约，甚至有些粗疏的骆驼俑。或许正如有人认为的那样，对于当时丝路必经之地——原州的人们而言，作为常用畜力的骆驼早已司空见惯，也就没有必要像中原各地那样精工细作、逼真刻画了。

卅日

家侄帖

星期六

农历乙未年
腊月廿一

今日三候水泽腹坚

公历二〇一六年·一月 SATURDAY JAN 30 2016

唐·三彩壶

美国纽约大都会艺术博物馆藏

前页所选胡商俑背扛货物，手中所提的波斯式壶则可能是途中自用的饮水器皿。此类外来器皿，也成为唐三彩器皿的常见造型。

廿九

王居士砖塔铭

星期五

农历乙未年
腊月二十

一日小年　四日立春

唐·彩绘陶胡商俑

洛阳博物馆藏

与长安相比，洛阳与江南等地的交通更为便捷，因而成为汉唐帝都之外的重要城市。与丝绸之路繁盛的商贸往来关系密切的隋唐洛阳城定鼎门遗址，便是其代表性遗迹。出土于洛阳的此俑头戴尖帽，足蹬长靴，高鼻深目，胡须连鬓，满载而行的形象，正是当年前往中原进行贸易的胡商，也是东都繁华的生动写照。

隋唐洛阳城定鼎门遗址，为中国境内22处纳入『丝绸之路：长安－天山廊道路网』的代表性遗迹之一。

廿八

玄秘塔碑

星期四

农历乙未年
腊月十九

一日小年　四日立春

公历二〇一六年·一月 THURSDAY JAN 28 2016

北魏·永宁寺泥塑造像

中国社会科学院考古研究所藏

北魏都城洛阳最宏伟的建筑当属永宁寺塔。这座『去京师百里已遥见之』的千尺高塔，如梦幻般瑰丽，却仅仅存在了十数年，便经火焚毁。史书记载中，三月不绝的大火，燃塔如炬，使人泣下而无可施救。煊赫一时的北魏王朝，在塔毁寺废后不久便走向分裂，繁华洛阳也在战乱中化为乌有。北宋史学家司马光在经过汉魏故城时亦曾叹曰：『若问古今兴废事，请君只看洛阳城。』

永宁寺塔永远消失了，但塔址废墟中出土的众多泥塑人像，却劫而复生，更以其高超的艺术水平引人怀想这一千五百年前的中原名都。

廿七

麻姑仙坛记

星期三

农历乙未年
腊月十八

一日小年　四日立春

三国·魏『鲍捐之神坐』残石

故宫博物院藏

汉末以来杀伐征战不断，群雄并起，洛阳城的繁华亦如云烟过眼。1923年出土于洛阳城北的曹魏时期『鲍捐之神坐』残石，虽貌不惊人，但在颇有争议的曹操高陵文物现身之后，却因两者文字风格一致，『魏』字中『鬼』下的一撇同样写作『山』的独特写法，而成为后者真实性的重要佐证。

廿六

颜氏家庙碑

星期二

农历乙未年
腊月十七

一日小年　四日立春

东汉·彩绘陶楼

河南博物院藏

这件陶楼层叠而上，装饰华美，是在真实建筑的基础上略加夸张，但也反映了东汉时期高超的房屋建筑技术。

廿五

神策军碑

星期一

农历乙未年
腊月十六

今日二候征鸟厉疾

东汉·熹平石经残块

汉魏洛阳城南太学村出土

光武帝定都，开启了洛阳城从东汉、曹魏直到北魏的繁盛。汉魏洛阳城遗址，也见证了游牧与农耕两种文明的冲突与融合。发现于东汉太学遗址的熹平石经残块，原为汉灵帝熹平四年所立，既是重要的法书铭刻和文献遗存，也是洛阳兴衰的无言物证。

汉魏洛阳城遗址，为中国境内22处纳入世界文化遗产『丝绸之路：长安－天山廊道路网』的代表性遗迹之一。

廿四

三坟记

星期日

农历乙未年
腊月十五

一日小年　四日立春

公历二〇一六年·一月 SUNDAY JAN 24 2016

北周·彩绘陶载物跪驼

陕西历史博物馆藏

此驼前膝跪地而双蹄悬空，张口露齿而鼻翼嗡动，将暂歇之后准备重新启程的丝路商旅中的将起未起的『沙漠之舟』刻画得栩栩如生。

廿

三

同州圣教序

星期六

农历乙未年
腊月十四

一日小年　四日立春

公历二〇一六年·一月 SATURDAY JAN 23 2016

唐·彩绘仕女俑

西安博物院藏

这组彩绘仕女俑形体高大，形象丰腴，神情怡然，充分体现了盛唐时期的审美偏好，也反映了在强盛国力之下国民自信昂扬的精神面貌。

廿二

化度寺碑

星期五

农历乙未年
腊月十三

一日小年　四日立春

唐·双龙镜

西安博物院藏

此镜作六瓣葵花形，背面以双龙为饰。双龙回首面对镜钮，作吞珠之势，身体蟠曲连为环形，外围以流云环绕，线条流畅，气势雄健。

廿一

李思训碑

星期四

农历乙未年
腊月十二

一日小年　四日立春

公历二〇一六年·一月 THURSDAY JAN 21 2016

唐·金走龙

西安博物院藏

此龙身形矫健，气势飞扬，如乘云而行。与敦煌莫高窟盛唐壁画中的龙有异曲同工之妙。

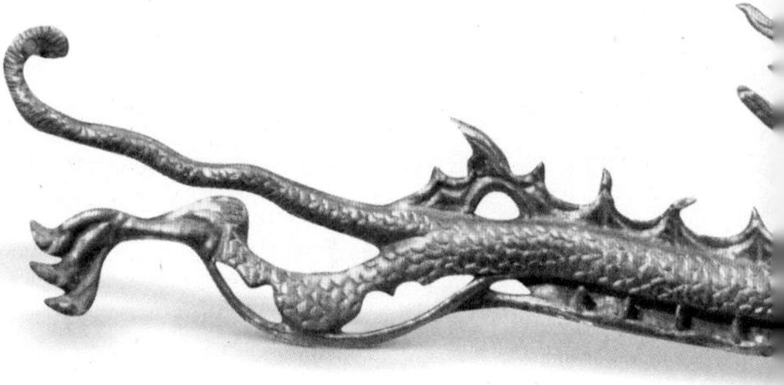

廿日

廻元观钟楼铭

星期三

农历乙未年
腊月十一

今日大寒　一候鸡始乳

唐·鎏金铁芯铜龙

陕西历史博物馆藏

此龙前爪撑地，后腿倒立，如从天而降，充分体现了盛世的大国气象。

十九

灵飞经

星期二

农历乙未年
腊月初十

明日大寒　一日小年

唐·七国都管银盒

西安博物院藏

此盒上錾『昆仑王』、『婆罗门』、『昆仑』、『吐蕃』、『疏勒』、『高丽』、『乌蛮』七国字样及人物图像，为南诏觊觎中原藩属之物，也成为唐王朝『万国来朝』的珍贵物证。

十八

上阳台帖

星期一

农历乙未年
腊月初九

廿日大寒　一日小年

公历二〇一六年·一月　MONDAY JAN 18 2016

唐·客使图壁画

陕西历史博物馆藏

作为大唐心脏的帝都长安，不但有胡商的到来，同样也迎来了前来朝觐的四海使臣。王维的『万国衣冠拜冕旒』之句，便是对万国来朝盛景的生动描述。章怀太子墓中的《客使图》壁画，正是对来自新罗等地的使臣等待觐见场景的视觉再现。

十七

何家村窖藏金银器墨书

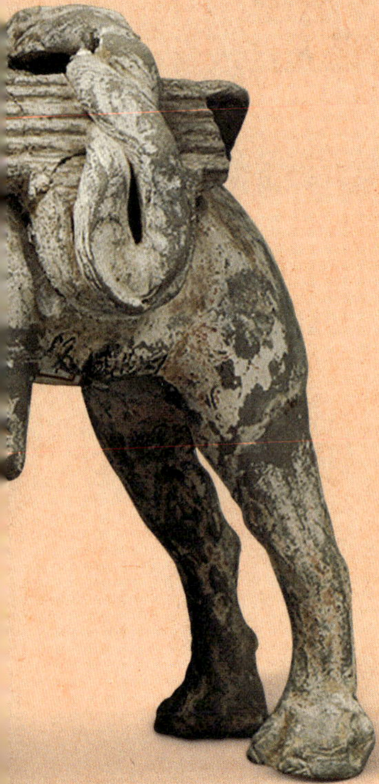

星期日

农历乙未年
腊月初八

今日腊八　廿日大寒

公历二〇一六年·一月 SUNDAY JAN 17 2016

西魏·彩绘陶载物骆驼

陕西历史博物馆藏

北朝骆驼俑多造型简洁粗犷而不失生动准确。此俑驮架上附丝绸一束，一驼而丝路见矣。

十六

倪宽赞

星期六

农历乙未年
腊月初七

今日三候雉始鸲

唐·鎏金『裴肃进』双凤纹银盘

陕西历史博物馆藏

此盘葵瓣六曲，盘内以六簇花叶环绕双凤团花，盘边六簇花叶，间以衔花噙蝶的双雀，以银为地，纹饰鎏金。盘径近两尺，体量之大，在已知的唐代金银器中极为罕见。唐代中后期，地方官员屡屡向皇帝进奉金银器以邀宠，《唐书》等史书中有『天下刺史进奉，自肃始』的记载。此盘底所錾『浙东管团练观察处置等使大中大夫守越州刺史御史大夫上柱国赐紫金鱼袋臣裴肃进』，恰与文献相应。而此盘的出土地西安北郊炕底寨村，也正是唐大明宫大福殿之所在。

十五

玄堂帖

星期五

农历乙未年
腊月初六

十七腊八　廿日大寒

唐·阙楼图壁画

陕西历史博物馆藏

面积超过3平方千米的大明宫遗址中，含元殿、麟德殿等主要建筑遗存清晰可见。中轴对称的宫殿整体格局、规模宏大的宫殿建筑群遗存，展现出了非凡的盛唐气象。尽管台基之上的殿宇楼阁均已无存，但事死如生的唐代皇室陵墓，为后人留下了难得的视觉档案。懿德太子李重润墓道中的阙楼图，便为今天还原唐代宫室建筑的真实面貌，提供了最为直接的依据。

十四

史晨前后碑

星期四

农历乙未年
腊月初五

十七腊八　廿日大寒

唐·覆莲纹柱础

陕西历史博物馆藏

时至今日，建于高台之上的汉唐宫殿，只剩下依然高大的夯土台基。石质柱础也为今人怀想当日的恢弘提供了些许依据。莲纹作为常见的装饰纹样，广泛出现在唐长安宫殿建筑的构件中。除了莲纹方砖外，以巨大的覆莲纹柱础最为常见。

公历二〇一六年·一月 WEDNESDAY JAN 13 2016

十三

不空和尚碑

星期三

农历乙未年
腊月初四

十七腊八　廿日大寒

唐·兽面纹砖

陕西历史博物馆藏

这些兽面纹砖不但将装饰性与实用性有机结合，在造型上也充分融合了外来文化的因素。

十二

道因法师碑

星期二

农历乙未年
腊月初三

十七腊八　廿日大寒

公历二〇一六年·一月 TUESDAY JAN 12 2016

唐·兽面纹砖

陕西历史博物馆藏（上）
西安博物院藏（下）

大明宫遗址不但保留着当年宫室建筑巨大的夯土台基，也出土了螭首、砖瓦等大量装饰华美的建筑构件。兽面纹砖便是其中的典型代表。

公历二〇一六年·一月 MONDAY JAN 11 2016

十一

善见律

星期一

农历乙未年
腊月初二

今日二候鹊始巢

唐·鎏金兽面铺首

西安博物院藏

经历了汉末以来的分裂与动荡、冲突与融合，中国在隋唐时期重新走向统一与安定。作为丝绸之路鼎盛时期的东方起点，唐代都城长安也成为东方城市的典范和帝国繁盛的象征。坐落于长安城北龙首塬上的大明宫，始建于唐太宗贞观八年（634年），落成之后便成为唐代帝王最主要的临朝听政之地。千年之后，鳞次栉比的宫室殿堂早已灰飞烟灭，但出土于此的鎏金兽面铺首，足以为今人叩响通往大唐盛世华章的大门。

唐长安城大明宫遗址，为中国境内22处纳入『丝绸之路：长安－天山廊道路网』的代表性遗迹之一。

十日

颜勤礼碑

星期日

农历乙未年
腊月初一

十七腊八　廿日大寒

公历二〇一六年·一月 SUNDAY JAN 10 2016

西汉·灰陶立驼

西安博物院藏

张骞凿空西域，骆驼成为进贡中原的奇兽。上林苑中便曾豢养过来自西域的骆驼。骆驼耐旱善驮，足当『沙漠之舟』美誉，逐渐成为丝绸之路上不可或缺的交通运输工具。

九日

九成宫醴泉铭

星期六

农历乙未年
十一月三十

十七腊八　廿日大寒

西汉·鱼雁灯

陕西历史博物馆藏

汉代灯具以燃油照明，存在烟尘排放的问题。而这件大雁回首衔鱼造型的彩绘鱼雁灯，以中空的雁颈部为通道，将烟尘收纳于盛水的灯腹中，与河北满城中山靖王墓出土的长信宫灯以人形灯体的衣袖部分聚拢烟尘有异曲同工之妙。

八日

卫景武公李靖碑

星期五

农历乙未年
十一月廿九

十七腊八　廿日大寒

公历二〇一六年·一月　FRIDAY JAN 8 2016

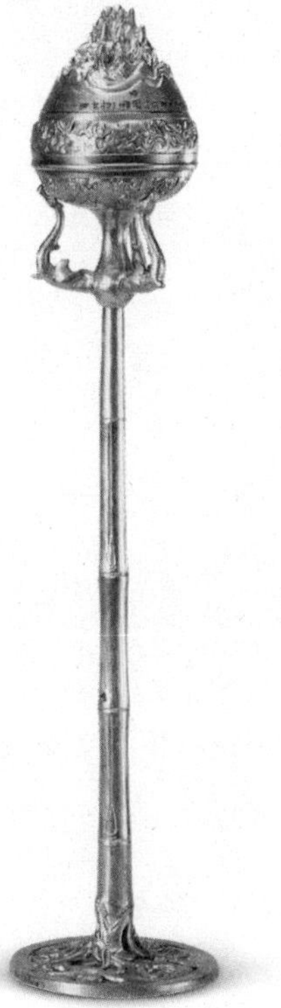

西汉·鎏金银竹节熏炉、鎏金铜沐缶

陕西历史博物馆藏

汉长安城早已灰飞烟灭，但诸多制作精美的生活器用却得以幸存至今，通过这些精美的器物，我们可以想象当时物质文明高度发达的盛世之景。

七日

孟法师碑

星期四

农历乙未年
十一月廿八

十七腊八　廿日大寒

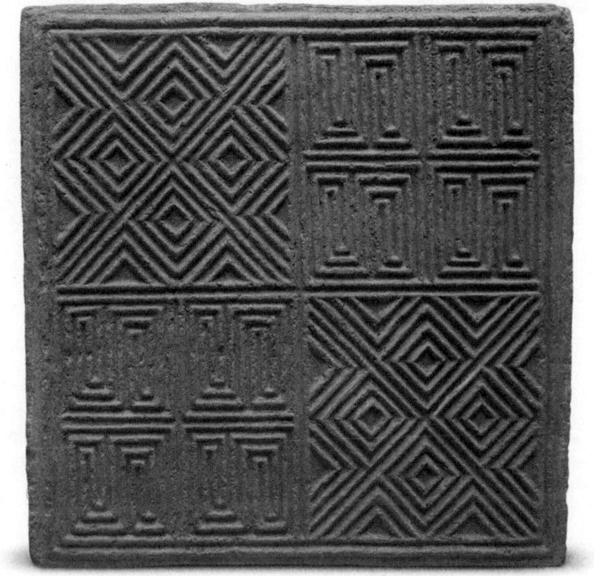

西汉·回纹方砖

西安博物院藏

汉长安城用于铺设宫室地面的回纹方砖体量巨大，但能够完整留存至今的已为数不多。这些高度标准化的建筑材料也成为当时手工业发达的一个佐证。

六日

伊阙佛龛碑

星期三

农历乙未年
十一月廿七

今日小寒　一候雁北乡

西汉·『汉并天下』瓦当

陕西历史博物馆藏

汉长安城出土的文字瓦当，其上所书既有个人感情色彩强烈、代表美好愿望的『长乐未央』、『长毋相忘』，也有象征国家强大、四夷臣服的『单于天降』、『汉并天下』。而西汉丝绸之路的开拓，却是张骞奉汉武帝之命，深入西域为寻求抗击匈奴盟友的同时一项意外的重要收获。

五日

九成宫醴泉铭

星期二

农历乙未年
十一月廿六

明日小寒　十七腊八

西汉·『长乐未央』瓦当拓片

未央宫是汉通西域的决策和指挥中心，在丝绸之路发展历程中居功至伟。尽管经历了王莽篡汉的动荡，汉都东迁洛阳，但规模宏大的未央宫依然在此后的西晋、前赵、前秦等朝成为首选的理政之地。隋代在其东南方筑建了新都大兴城后，这里才逐渐荒废。巍峨的高台建筑，只余堆积着残砖碎瓦的夯土台基。带有『长乐未央』等当年流行吉语的瓦当，也印证着过往的繁华。

公历二〇一六年・一月 MONDAY JAN 4 2016

四日

张翰帖

星期一

农历乙未年
十一月廿五

六日小寒　十七腊八

西汉·『皇后之玺』玉印

陕西历史博物馆藏

汉长安城遗址位于西安市区西北方向的渭河南岸，在两千多年前的西汉，这里是整个帝国的中心，也是丝绸之路开通时的东方起点，未央宫则是城内最为重要的宫殿建筑群。据推测，出土于汉高祖长陵附近的皇后之玺，正是高祖皇后吕雉生前所用之物。而该印作为迄今发现的汉代皇后玉玺孤品，被视为国宝之一。

汉长安城未央宫遗址，为中国境内22处纳入『丝绸之路：长安－天山廊道路网』的代表性遗迹之一。

三日

张好好诗卷

星期日

农历乙未年
十一月廿四

六日小寒　十七腊八

东周·人驼纹铜牌饰

宁夏固原博物馆藏

诸多考古发现足以证明，东西方物质文明的交流早在先秦时期便已逐渐开始。充当了古代中国与西方贸易往来中介的草原部族，留下了这件有着浓厚异域色彩的金铜牌饰，骆驼的形象出现其中，仿佛开启了丝路先声。

二日

雁塔圣教序

星期六

农历乙未年
十一月廿三

六日小寒　十七腊八

唐·张骞出使西域图

敦煌莫高窟第323窟

张骞出使西域作为丝绸之路开通的重要历史起点，在佛教徒的叙事中，则与佛教的传入相关联。此图左下方，即将前往西域的张骞一行，持笏跪辞汉廷；稍稍往上，在重重山峦之后半露出跋涉的身影；左上角则已到达西域大夏。整幅壁画体现了敦煌莫高窟叙事性壁画将同一事件的不同情节在同一画面中布局经营的常用手法。

一日

多宝塔碑

星期五

农历乙未年
十一月廿二

今日元旦　六日小寒

西汉·『博望□造（铭）』封泥

中国国家博物馆藏

『丝绸之路』之名最早由德国地理学家李希霍芬提出，他认为丝路的开拓应从被汉武帝封为博望侯的张骞出使西域开始。1938年，奉命迁往汉中城固县的西北联合大学，对当地的张骞墓墓道进行了初步发掘。当时出土的汉隶『博望□造（铭）』封泥，成为与丝路开拓者张骞直接相关的重要文物佐证。

张骞墓，为中国境内22处纳入『丝绸之路：长安－天山廊道路网』的代表性遗迹之一。

西出陽關無故人

漢魏邊城

一月

中原都会

第一周·西域凿空

第二周·西汉名都

第三周·隋唐帝都

第四周·盛唐气象

第五周·东都遗绪

January

張騫往西
名号

图书在版编目（CIP）数据

国宝. 2016 : 丝绸之路 / 华胥编撰. -- 北京 : 文物出版社, 2015.11

ISBN 978-7-5010-4411-5

Ⅰ. ①国… Ⅱ. ①华… Ⅲ. ①文物－介绍－中国 Ⅳ. ①K87

中国版本图书馆CIP数据核字(2015)第244734号

国寶 2016 · 丝绸之路（上、下册）

题　　签　苏士澍
出 版 人　张自成
编　　撰　华　胥
日期集字　华　胥
责任编辑　李缙云　刘永海
特约编辑　陆　萍
装帧设计　刘　远
责任印制　张　丽
特约校对　刘良函
出版发行　文物出版社
　　地址　北京市东直门内北小街2号楼
　　网址　http://www.wenwu.com
　　邮箱　E-mail:web@wenwu.com
发行总代理　汀一文化传媒南通有限公司
制版印刷　北京图文天地制版印刷有限公司
开　　本　787×960　1/32
印　　张　24
版　　次　2015年11月第1版
印　　次　2015年11月第1次印刷
书　　号　ISBN 978-7-5010-4411-5
定　　价　99.00元